高等院校“十四五”规划教材·基础课系列

ZHI YE SHENG YA GUI HUA

ZHI YE FA ZHAN XU LI PIAN

职业生涯规划

——职业发展蓄力篇

主　编◎许高山　孙金岭　王　利　邱　军
副主编◎杨　帆　姚　翠

華中科技大學出版社
http://press.hust.edu.cn
中国·武汉

内容简介

本书将大学生职业生涯规划能力的培养与基本职业素养的培养有机结合起来，旨在帮助大学生认识到在大学阶段就要有生涯规划及职业规划的意识，培养其职业规划的能力，进而提升其落实职业规划需具备的基本职业素养，从而全面提升个人的综合素质，为其将来的就业积蓄竞争力。

本书以大学生职业生涯规划意识培养为起点，延伸到实现职业规划相关技能和职业发展基本素质的培养，以期帮助在校大学生为其将来可持续的职业发展蓄力。本书可作为普通高校、高职高专各年级学生职业生涯发展能力的重要教材，也可供有志于职业发展的广大读者参考。

图书在版编目(CIP)数据

职业生涯规划. 职业发展蓄力篇/许高山等主编. —武汉：华中科技大学出版社，2023.8(2024.8 重印)
ISBN 978-7-5680-9999-8

Ⅰ. ①职… Ⅱ. ①许… Ⅲ. ①大学生-职业选择 Ⅳ. ①G647.38

中国国家版本馆 CIP 数据核字(2023)第 157717 号

职业生涯规划——职业发展蓄力篇 许高山 孙金岭 王 利 邱 军 主编
Zhiye Shengya Guihua——Zhiye Fazhan Xuli Pian

策划编辑：汪 粲
责任编辑：刘艳花 李 昊
封面设计：廖亚萍
责任监印：周治超
出版发行：华中科技大学出版社(中国·武汉) 电话：(027)81321913
武汉市东湖新技术开发区华工科技园 邮编：430223
录 排：华中科技大学惠友文印中心
印 刷：武汉科源印刷设计有限公司
开 本：787mm×1092mm 1/16
印 张：12.75
字 数：249 千字
版 次：2024 年 8 月第 1 版第 2 次印刷
定 价：49.80 元

华中出版

前　言

Preface

2023届全国普通高校毕业生规模预计达1158万人，同比增加82万人。如何引导大学生树立正确的就业观，提升就业能力？大学生就业指导工作的重要性愈加凸显。2007年，教育部办公厅印发了《大学生职业发展与就业指导课程教学要求》，该要求明确了大学生就业指导课程设置的宗旨，就是为了支持大学生在大学期间更好地成长，提高学生的就业能力，并提供职业生涯规划的建议、学业方面的指导，提升就业能力；同时，高考改革倒逼学生需要提前规划未来。高校教育要为我国调整经济结构和转变经济增长方式服务，应当将实施国家新型人才方式与个人职业生涯规划相结合，通过职业规划教育途径积极引导个人发展与社会需求相适应。

近年来，虽然毕业生数量逐年增加，但不少企业反映，目前高校毕业生的就业能力和技能无法满足企业需要，应届毕业生在进入企业后需要耗费企业大量的人力、物力、财力进行培训，这不仅增加了企业的用人成本，同时也增加了学生的负担。人才教育与企业期望出现脱节，大大说明了我国高校的职业生涯规划教育、就业能力培养等的人才培养模式还有很大的进步空间。

本书以职业生涯规划意识培养为起点，延伸到实现职业规划相关技能和职业发展基本素质的培养，以期帮助在校大学生或初入职场的读者，为其将来可持续的职业发展蓄力。内容包含两大篇章，第一篇聚焦职业生涯规划，包括职业生涯唤醒、自我认知、职业环境分析、职业生涯决策与规划；第二篇顺势聚焦到管理职业生涯规划的基本能力，包括职业生涯规划实施与行动、职业生涯规划评估与反馈。本书采用学习目标、任务驱动的模式，细化了完成培养学生职业能力所需的知识点和技能点，由浅入深、循序渐进，基于“为什么”“是什么”以及“怎么做”的教学思路，再加上完整配套教学资源，更好地满足了教学和自主学习的需要。本书具备以下特色。

1. 重构内容，适应社会对人才的需求。

教材作为育人的重要载体，不仅要反映产业升级、技术变革、教育思想及社会观念更新带来的新要素，更要为学生的高水平发展和高质量就业打牢基础。当前经济社会发展方式发生了从以量取胜到以质取胜的转变，德才兼备、内外兼修的“德技并修”高素质技术技能人才成为社会发展急需的高端人才。基于这个迫切需求，本教材的内容编排遵循职业本科教育课程体系构建的社会性原则，旨在主动适应社会对人才的需求：合理选择和编排教材内容，帮助学生为将来职业发展蓄力，为其成为高素质人才打下坚实基础。

2. 创新构思，从“规划”延伸到“规划管理”，为职业发展蓄力。

如今职业环境变得更加复杂，个人职业的发展也充满了变数。例如，兴趣志向发生了转变或教育深造所产生的变动等情况，在这种情况下我们更需要结合个人情况和环境需要，对其做全面了解后确定职业规划的目标。一方面，本书从生涯规划、自我认知、职业环境分析等方面进行阐述，引导大学生“立大愿、定目标”，帮助学生树立职业生涯规划意识，提升其职业规划力；另一方面，本书从目标管理、时间管理和反思复盘的方法进行阐述，引导大学生“细计划、落行动、做复盘”，帮助学生做好职业生涯规划管理，提升其基本职业素养，为将来的职业发展蓄力。

3. 设计活动，用活页式教材为载体进行能力导向训练，实现能力提升。

本书采用的活页式教材，强调了学习与实践之间的匹配性，让整个教学活动的“学生中心化”色彩更加明显，在内容上更加强调精炼简洁，降低了学生的理论学习难度。与此同时，本书创设了符合学生特质的课堂实践活动和任务训练，引导学生在融会贯通职业生涯规划、管理的基本知识以及在实践中练就相关职业技能的基础上，实现基本的职业能力和职业素养的提升，为其职业发展蓄力。

课时安排及教学方案部分：全书共分为两篇，共六个项目；每个项目都有几项任务，共15个任务。建议授课老师每个任务使用1.5～2课时进行授课，总学时不超过24课时。

本书由许高山、孙金岭、王利、邱军、杨帆和姚翠六位老师合作编写。其中，许高山老师编写项目一，姚翠老师编写项目二，杨帆老师编写项目三和项目四中任务一，孙金岭老师和王利老师编写项目四中任务二和项目五，邱军老师编写项目六。上述六位老师分别来自黄冈教育谷投资控股有限公司（许高山）、南昌职业大学（孙金岭）、国信蓝桥教育科技股份有限公司（王利）、宜春职业技术学院（邱军）和哈尔滨剑桥学院（杨帆和姚翠）。因此，本书是校企合作、多方参与的共同成果。

本书不仅可作为普通高校、高职高专学生职业生涯规划与发展课程的重要教材，也可供有志于职业发展的广大读者参考。

本书在编写过程中，参考了相关论著、教材和期刊等，特此说明并致谢，因各种条件受限，未能与原作者取得联系，敬请谅解。

由于编者水平有限，书中难免存在疏漏之处，敬请广大读者给予批判指正。

编者

2023 年 7 月

目　录

Contents

第一篇　职业生涯规划篇

第二篇　职业生涯规划管理篇

第一篇

职业生涯规划篇

对于怀揣梦想还未进入职场的人来说，选择一份适合自己的职业是事业成功的第一步。然而，职业门类极其繁多，如何选择一份理想的职业呢？如何迈出关键的一步，为自己的未来做出合适的规划呢？毫无疑问，对职业生涯规划中基本概念的正确理解和把握成为我们的切入点，它可以引导我们全面认识自己，从而合理择业，充分发挥自我潜能。本篇主要从职业生涯规划与职业领域的相关知识、生涯发展理论进行分析和总结，并结合个人的兴趣、性格、价值观、能力、职业环境的内容，最终形成个人职业生涯规划的框架思维，以提高个人职业生涯规划的水平。

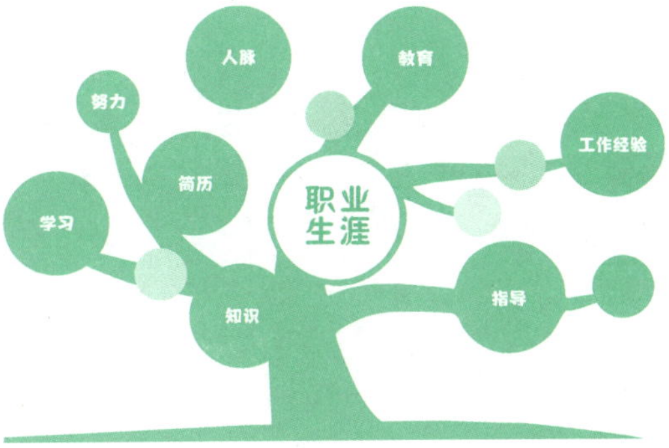

项目一　职业生涯唤醒

学习目标

1. 了解职业的概念、分类及职业的发展变化。

2. 掌握职业的探索方法、树立正确职业意识的方法。

3. 了解职业意识的内容、生涯的概念。

4. 理解生涯彩虹图的横向和纵向含义，理解生涯彩虹图中各种角色转变之间的关系。

5. 会用生涯彩虹图描述自己的一生。

思维导图

- 项目一 职业生涯唤醒
  - 课前自学
    - 任务一 职业与职业意识
      - 你了解职业吗
      - 你了解职业意识吗
      - 如何培养职业意识
    - 任务二 生涯唤醒
      - 如何认识生涯
      - 如何完善生涯的发展
  - 课中实训
    - 探索职业及其发展——1课时
    - 我的生涯我做主——1课时
  - 复盘反思

课前自学

任务一 职业与职业意识

一、你了解职业吗——认识职业

(一)学生与职业人的差别

扬帆起航,你准备好了吗?

当我们拿着录取通知书,拖着行李箱走进校园的时候,就意味着我们正在开启一段新的征程。这段漫长的求学之路,亦是我们迈向个人生涯发展的关键所在。那么什么是生涯?什么又是生涯发展?和我们将来的就业又有什么关联?这些问题都将在本书得到答案。过去,很多老师告诉我们,上大学后考试分数只要及格就行了;如今,也有很多人认为“毕业即失业”。事实果真如此吗?是不是我们对学业和就业之间的关系认知还不够?是不是我们没有完全构建对生涯发展相关领域的知识体系?是不是我们对职业的认识还存在诸多不足?人才市场上的招聘单位要挑选的人才多种多样,选拔人才的方式不仅限于学生的学习成绩,企业招人、用人也变得愈加理性。他们真正需要的并不只是才华横溢的学生,更重要的是一个能够为企业甚至为社会创造价值的职业人。那么,学生与职业人究竟有什么差别?

1. 学生与职业人的责任不同。

学生是以学习、探索为主要任务,如果迟到、旷课、挂科仅耽误你自己的学习,不会给学校和他人造成太大的损失,不用承担过多的社会责任,就好像有着天然的“豁免权”。学生的奖励主要以客观标准和优点作为考核的基本要素。职场是通过提供有价值的产品或服务来满足客户的需求,从而获得利润,职业人在其中处于客体地位,必须为职场和团队服务。职业人如果在工作中犯了错误,不仅会给所在单位造成经济损失,个人还要独立承担相应的社会责任。同时,职业人的奖励通常以领导的主观标准和个人判断作为考核的基本要素。

2. 学生与职业人所处的环境不同。

校园里的学习和生活是简单且安静的,整体氛围较为轻松和单纯。在学校里,老师鼓励学生讨论,以知识为导向引领学生进行探索式地学习。当学生一旦成为职业人后,更多面临的是紧张、快速的工作节奏和生活节奏,没有了寒暑假,甚至周末时间还会加班,自由支配的时间较为稀缺。在单位里,领导通常对讨论不太感兴趣,更关注以结果(利益)为导向的具体工作,甚至有时候很独断。职业人既要面对复杂的同事关系,还要适应不同的组织文化和习惯,由于缺乏实际工作经验,开始工作时往往不能得心应手,感觉工作压力很大,部分人甚至会给自己的心理造成很大的负担。

3. 学生与职业人的交往圈不同。

学生在学校的人际氛围较为单纯、平等、民主、自由,同学们大多以志趣、习惯、情感为纽带进行交往,人际关系较为简单。同学之间的相处即使不太融洽,对自己的学业不会造成太大的影响,也依然可以保持自己独有的个性。但是职业人之间有着复杂的、明确等级的工作关系,同事之间更多的是以工作绩效、利益关系为纽带相互交流和相处。职场的人际关系十分微妙,稍有不慎,就会让自己陷于被动。职业人在面对问题和冲突时更需要及时反省自己的行为,进行积极有效的心理调整,让自己适应多变的人际关系,并最终为解决问题而赋能。

通过对学生与职业人的对比分析,我们发现学生与职业人在行事规则、思维方式等方面都有很多不同点。职业人需要在工作状态中用规范化、标准化、制度化的思维方式和方法将工作做到位并做好。与此同时,职业人还要提升时间管理、情绪管理等能力,与同事建立与组织文化相符合的、有效的合作关系。这些都将助力我们成功地改进自己在组织中的工作表现和工作能力。但是,学生作为职场新人进入工作的时候,可能体会到一些“入职冲击”,这是因为职场环境和校园环境的不同造成的。怎样减少“入职冲击”带来的压力和负担?怎样扩充自己的职业认知的边界?怎样理性地构建个人的职业生涯发展目标?怎样找到以终为始的生涯发展的原动力?这些都是我们值得深思的话题。我们将聚焦这些话题,深入更多细节,从职业的概念、职业的分类、职业的探索方法等去唤醒我们对个人生涯的展望,以及对职业生涯发展的探索。

(二)职业的概念

职业的存在和演进是人类社会特有的现象。自从人类劳动有了分工,各种不同形式的劳动、劳动资料和劳动对象就被烙上了职业的印记。我们对职业本质属性的认识，是随着职业认知的视野拓展、视角转换的能力而逐渐深化和具体的过程。职业世界究竟是怎样的？人们对于职业世界是怎样区分和识别的？

职业生涯规划、职业生涯决策和职业生涯发展都要求个体了解自己，也需要个体对自我认知、学习领域、职业领域等方面进行全面的认知和探索。在当今世界，工作、学习和娱乐的方式非常多，甚至多到令人难以承受。然而，要在这种复杂的全球性经济环境中高效且明智的生活，意味着我们要深入了解各种选择，了解各种选择之间是如何组织以及相互联系的。我们将对职业领域的信息进行探索，并了解这些信息是如何组织，以及如何查找和评估它们。一切与职业相关的内容，都关系着人们的切身利益。认识职业的意义，可以为我们的职业生涯规划和职业生涯管理起到积极的引领作用。职业是满足个人需求的媒介，只有在真正意义上达到自我实现，才能使职业的效率得到最大的发挥和满足。

“职”字包含着责任、工作中所担当的任务等意思；“业”字包含着行业、业务、事业等意思。美国社会学家泰勒认为：“职业是一套成为模式的与特殊工作经验有关的人群关系，这套成为模式的工作关系的结合，促进了职业结构的发展与职业意识形态的显现”。我国学者吴国存认为：“职业是社会地位、人际关系、权力与国家授予的活动”。我国管理专家程社明认为：“职业可定义为参与社会分工，利用专门知识、技能为社会创造物质财富、精神财富，获取合理报酬作为物质生活来源，并满足精神需求的工作”。由此，我们可以将职业(occupation)归纳为不同行业和组织中存在的一类似的职位，人们通过获得某种职业创造物质或精神财富，并能满足社会发展的需要。职业是经济特征、社会特征和技术特征的有机结合。职业问题不是简单的工作问题，它既体现了专业分工，又体现了一种精神追求，职业发展的过程也是个人价值不断实现的过程。从个人角度来看，职业是个人获得经济收入的来源，是个人维持家庭生活的手段；职业也是促进个性发展的手段，当个人从事的职业能使个人的特长、兴趣得到充分发挥时，也就促进了个性的充分发展。从社会角度来看，职业是分配、调节社会劳动力和社会资源的重要措施。从职业的要求来看，任何职业都有相应技术要求和技能要求，并需要具备相应的专业知识，如司机必须考取驾照才能合法驾驶骑车。同时，我们需要对职业相关的概念进行区别和确认。

职位是指组织中所从事的一组任务，它是由重复发生或持续进行的任务构成的一个工作单元。任务是一个有始有终的工作行为单元，这个单元以小时计而不是以天计。职位形成于当组织划分出某个知识领域或某些任务时，这些任务的完成将使整个组织体系运转得更好。一个人的一生可能会在不同的职位上工作，即使是在同一个公司里或同一个机构里。

工作是指由具备某些相似特征的人从事的带薪职位，也泛指机器、工具受人操纵而发挥生产作用。工作还包括个体经营，对于特定的组织，也可能会有特殊含义。工作由人来完成，以任务、结果和组织为中心。我们可以这么来比较“职位”与“工作”的不同：人们失去或得到工作；组织失去或得到职位。

职场通常是指个人所处的工作环境、场所、职业岗位以及之间的社会关系的综合体系。

职责是指在职位上必须承担的工作范围、工作任务和工作责任。

我们可以这么理解他们之间的关系，以某小学数学老师为例，他的职业是教师，职位是小学教师，工作是备课、授课、学情沟通等，职场是学校，职责是教学。

对大部分人而言，职业虽然是一个耳熟能详的词汇，但很多人对其了解甚少，出现了诸如“冲动选择职业”“盲目选择职业”的情况，导致部分人对就业的结果不理想，甚至丧失了努力工作的动力。这就需要我们对职业进行深层次的理解和认识。职业不仅能够满足个体的物质需要，还能够满足个体的精神需求，同时职业是个人实现名誉、地位、成就、尊重和自我实现等精神需求的重要途径。例如，我国防科技事业改革发展的重要推动者于敏，经济体制改革的积极倡导者厉以宁，大爱无疆的教育工作者张桂梅。围绕职业的选择和发展，我们关注的重点不应该是工作环境、工作压力或同事关系等带给你的不良感受，而是要学会从中提升多样化的职业能力并发掘潜力。因此，我们要正确选择职业，必须先了解与职业的有关知识。

（三）职业的分类

职业分类是运用一定的科学方法和手段，通过对社会全体从业人员所从事的各类经济性活动进行分析和研究，按照活动的对象、性质、内容、形式、功用和结果进行的类型划分和归纳。职业分类主要体现在分工体系的每个环节上，如劳动对象、劳动工具以及劳动的具体形式都有特殊性，职业之间的主要区别即是这种特殊性。在经济全球化的今天，我们需要对国内外的职业分类情况有所了解，从而进一步建立起对职业领域的清晰和全面的认识。

1. 国外的职业分类。

(1)按脑力劳动和体力劳动的性质把受雇工作人员划分为“白领”和“蓝领”两类。

“白领”是西方社会对企业中不需要做大量体力劳动的工作人员的统称，指接受过一定教育的，有工作经验的，有稳定的收入、工作条件较好穿着整洁的职员，主要从事专业性和技术性的工作，如管理人员、办事员、会计、医生、律师等。“蓝领”是和“白领”相对应的，“蓝领”指的是以技术含量低的重复性体力劳动为主的从业者，“蓝领”大部分没有接受过良好的教育，主要从事手工艺及服务性行业的工作，如运输装置工人、建筑工人、码头工人、采矿工人等。

（2）按心理的个别差异进行分类。

按心理的个别差异进行分类的方法是以美国著名职业指导专家霍兰德的职业兴趣理论为依据的，该理论把职场人格类型划分为6种，即现实型、研究型、艺术型、社会型、企业型和传统型。

（3）按各个职业的主要职责或工作领域进行分类。

国际劳工组织（ILO）依据各个职业的主要职责或工作领域对职业进行了分类，并制定了《国际标准职业分类》（International Standard Classification of Occupations，ISCO），为各国的职业分类提供了统一的准则。2008年最新版本的《国际标准职业分类》（简称ISCO-08），它将职业分了大类，中类、小类、细类。其中，10个大类分别是管理者，专业人员，技术和辅助专业人员，办事人员，服务与销售人员，农业、林业和渔业技术员，工艺和相关行业人员，机械操作人员与装配人员，非技术工人，军人。ISCO-08比之前的版本分类更加细化，技能水平和技能的专业程度被明确为划分标准。

2. 我国的职业分类。

我国在职业分类上的研究起步较晚，但发展较快。职业的分类不仅关系到对职业岗位的考查，而且影响各行业阶层人员对职业方向的把握，同时也是相关行业机构进行职业技能培训的重要根据。习近平总书记在中央人才工作会议上的讲话中说，“培养创新型人才是国家、民族长远发展的大计”“当今世界的竞争说到底是人才竞争、教育竞争”“中国是一个大国，对人才数量、质量、结构的需求是全方位的，满足这样庞大的人才需求必须主要依靠自己培养，提高人才供给自主可控能力。”我国现行的职业分类主要参考《中华人民共和国职业分类大典》。

1999年，我国颁布了《中华人民共和国职业分类大典》，它是国内第一部对职业进行科学分类的权威性文献。随着社会经济的不断发展，我国的职业构成也在发生变化和更新。2019年，人力资源和社会保障部同国家统计局向社会发布了13个新职业，包括智能工程技术人员、物联网工程技术人员、电子竞技运营师、农业经理人、电子竞技员等。2020年又增加了25个职业，包括健康护理师、城市管理网格员、区块链应用操作员、信息安全测试员、在线学习服务师等。为适应新时代、新经济、新技术发展，2021年由人社部牵头，联合行业单位、企业、院校的专家学者及一线从业者和有关工作人员历时一年多，反复论证修订了《中华人民共和国职业分类大典（2022年版）》。2022年的修订版本将我国社会职业归为8个大类、79个中类、450个小类、1639个细类。其中，8个大类具体包括如下。

(1)党的机关、国家机关、群众团体和社会组织、企事业单位负责人。该职业分类的修订参照我国的政治制度与管理体制现状，对具有决策和管理权的社会职业依组织类型、职责范围层次、业务相似性、工作复杂程度和所承担职责的大小等进行划分与归类，包括 6 个中类、16 个小类、25 个职业。

(2)专业技术人员。该职业分类的修订着重考量职业的专业化、社会化和国际化水平，包括 11 个中类、125 个小类、492 个职业。

(3)办事人员和有关人员。该职业分类的修订主要依据我国公共管理与社会组织中从业者的实际业态进行分类。修订后的第三大类强化了公共管理、企事业管理等领域的行政业务、行政事务属性，包括 4 个中类、12 个小类、36 个职业。

(4)社会生产服务和生活服务人员。该职业分类的修订主要参照国民经济行业分类和我国服务业发展现状，特别关注新兴服务业的社会职业发展，主要按照服务属性归并职业。修订后的第四大类包括 15 个中类、96 个小类、356 个职业。

(5)农、林、牧、渔业生产及辅助人员。该职业分类的修订以农、林、牧、渔业生产环境、生产技术和产业结构的变化，以及现代农业生产领域中生产技术应用、生产分工与合作的现状为依据，参照国民经济行业进行分类。修订后的第五大类包括 6 个中类、24 个小类、54 个职业。

(6)生产制造及有关人员。该职业分类的修订按照国民经济行业分类和生产制造业发展业态，以工艺技术、工具设备、主要原材料、产品用途、服务和技能等级水平的相似性进行分类。修订后的第六大类包括 32 个中类、172 个小类、671 个职业。

(7)军人。该类职业包括 4 个中类、4 个小类、4 个细类。

(8)不便分类的其他从业人员。该类职业包括 1 个中类、1 个小类、1 个细类。

在本次修典中我们发现，大量新涌现的新职业都与民生相关。在农业生产和经营、农村生活变革中产生了很多新的专业化活动，出现了如农业经理人、乡村建设工匠、农业数字化技术员等新职业。在社会治理、专业技术、社会服务、农业水利、生产制造等领域中的职业变化中都可以看到数字技术的广泛应用，并由此产生了较大规模的数字职业，如 5G 应用、物联网技术、大数据技术等；也包括数字传输类职业，如数据管理、网络安全、数据安全；还包括数字内容生产类职业，如商务数据分析、数字资产管理、互联网营销、数字出版编辑等。新职业的产生代表着产业对人力资源的新需求，同时还体现了技术变革推动产业结构出现的重要变化，高质量生产与服务的发展引发社会分工在不同方向上的变化和调整，导致职业体系出现结构性变化。

《国际标准职业分类》是各国政府进行职业分类体系修订的蓝本，也为促进国际之间相关领域的交流做出了贡献。《中华人民共和国职业分类大典》既体现了我们国家经济社会发展的根本目标是满足人民对美好生活的向往，同时也为个人开展职业指导提供了职业生涯发展的路径指引。我们可以借助职业分类大典的职业信息，理解各职业的横向和纵向发展的关联职业，帮助劳动者分析其职业发展的路径，并通过数字职业、绿色职业标志等工具，帮助劳动者理解技术应用对其能力要求的变化。

(四)职业的探索方法

职业世界中有太多的信息，往往让我们难以抉择。我们在面对广阔的职业世界时，如果无法准确锁定自己想要探索的职业，就不能有针对性地进行职业信息的相关分析。我们可以通过一些职业探索方法设定一个适合自己的职业范围，便于进行有效的职业选择。常见的职业探索方法有以下 4 类。

1. 工作世界地图法。

工作世界地图法由美国大学考试中心(ACT)依据普里蒂奇(Prediger)的理论开发而成。普里蒂奇在霍兰德职业兴趣理论的基础上加上了“人—事物”“数据—概念”两个维度，人是指能够为之服务、为之提供帮助、提供信息或是售卖商品的人；物是指机器、食物、木材、金属等材料；数据是指事实、数字、文件、计算等程序；概念是指理论、洞见等一种表达方式，将职业群体的具体位置标定在坐标图上(见图 1-1)。

(1)“人—事物”维度：一端表示与人相关的工作，如咨询师、教师、服务人员等；另一端表示与具体物体相关的工作，如机械、养殖业、能源等。

(2)“数据—概念”维度：一端表示与具体的事实、数字、计算等打交道的工作，如数据分析师、财务人员、程序设计师等；另一端表示运用理论、思考、创意等新形式表达或运作的工作，如科学家、音乐家、哲学家等。

工作世界地图将近 500 种职业划分为 6 个工作族群和 26 个工作领域，每种工作领域的位置都按照人、物、数据、概念这四个工作对象的位置来确定的。与人有关的职业类型在左边，与事物有关的职业类型在右边，与数据有关的职业类型在上面，与概念有关的职业类型在下面。职业在地图上的不同位置，也是对这两组维度的不同体现，如 Y. 社区服务类，处于“人—概念”象限中，说明该职业类型主要是与人打交道，且在工作过程中要运用到思考和创新能力。又如 I. 农业、林业及相关行业，处于“事物—数据”象限中，说明该职业类型主要需要强调秩序，与人交往较少，与事物交往较多。对工作世界地图的分析，可以帮助大学生更加明确的职业方向。

2. 调研法。

调研法是有目的、有计划、系统地搜集与自己的性格、兴趣、专业等相关的职业信息

图 1-1 工作世界地图

的方法。我们可以通过搜寻与所学专业相关的就业状况、调研报告等材料，了解与自己相关的就业，也可以开展个人或团体调研。调研职业领域的相关信息时，一般考虑以下 6 个问题。

(1)这个专业毕业后都能做什么工作。了解自己专业的毕业出路是很迫切的，每个专业都是和社会上的职业相对应的，因为专业的设置是根据社会上的需求而产生的，所以专业和职业的对应是固定的。我们可以通过国家制定的专业描述来了解日后的职业，也可以根据前几届毕业生的就业去向来了解。

(2)学这个专业的成功人士都有谁，成就怎样。了解专业领域成功人士的成功轨迹对自己的发展方向是很有参考的。如果你能在其中确定自己的专业学习榜样，那你的进步也是很快的。

(3)在这个专业领域权威的企业、机构有哪些。每个专业都有一流的研究机构和与这个专业相关的权威企业。研究它们可以让自己保持专业上的领先，并且可以了解和确定一些未来可能就业的企业。

(4)学这个专业的前几届毕业生的目前状况怎样。了解本校、本城市大学、国内本专业、国外本专业毕业生的就业出路和目前状况,对自己的未来发展方向很有参考价值,因为在同样的大环境下,个人的发展轨迹可能相似。

(5)这个专业对口的单位对毕业生有哪些要求。了解专业对应的职业对毕业生的专业能力、个人素养等方面的要求,可以更有针对性地发展和准备自己。

(6)怎样才能学好这个专业,学习的圈子和资源都有哪些。你要了解如何才能学好这个专业,包括重点学习的专业内容、专业的学习资源,如网站、论坛等,还有学习的圈子有哪些,如一些学术沙龙等,要充分利用各种资源。

3. 查阅法。

主要是探索政治法律政策、经济发展水平、各地区的文化特点、技术更新速度、人才整体需求状况等环境对自己职业发展的宏观影响。在探索宏观职业环境时,要多浏览政府网站信息,尤其是各省市的毕业生就业信息网,这些网站往往包含职业环境分析所需的信息。例如,人才市场公共信息网每个季度都会公布全国部分人才市场供求情况及分析,通过阅读这些资料可以了解不同职业的需求状况。大学生可以尝试分析这些资料,从中总结最近几年大学生就业市场的总体状况和特征。

4. 参观和实习法。

参观和实习是探索行业环境、组织环境及岗位环境常用的方法。参观是到相关职业现场短时间地观察、了解。通过观察,可以了解职业相应工作的性质、内容、职业环境及氛围,获得实实在在的职业感受。参观法的优点是能得到切身的感受,缺点是无法对职业的实质深入了解,易被营造的氛围迷惑。实习是到职业场所进行一定时间的打工、兼职或教学实习、实践。实习是一种比较全面地了解职业的方法。实习可以更深入、更真实地对职业的工作任务、工作要求、工作环境及个人的适应情况进行了解判断,可以了解工作的程序、报酬、奖罚、管理及升迁发展的信息,还可以通过与工作人员的实际接触,感受职业对人的影响。

(五)职业的发展变化

说到个人职业发展,大家首先往往想到的是,积极地充实自己,争取在行业里有进一步的发展提升。这种想法在社会平稳发展、经济向上线性增长的大环境下,是有一定的道理的。随着社会信息流动速度越来越快,新科技、新产业不断更新换代,旧行业不断淘汰、蜕变、演化,作为社会大生产中重要的生产力要素—人力,在考虑自身生涯问题时既需要兼顾方向性的判断，又能站在宏观经济的角度，以社会变迁的视野关注社会的一切宏观和微观的变迁。社会的变迁、世界的改变都会在未来持续影响我们的生涯发展的方向和决策方式。无论现在你是大学生还是职业人，我们都需要去扩宽视野，了解最新的全球化经济变化，理解多元化的组织与文化、新型的工作方式等，从而建立对职业发展变化的认识模型。

1. 新的全球化经济的变化。

彼得·德鲁克、罗伯特·赖克、杰里米·里夫金就世界经济都发表过相关著作，他们的核心观点可以帮助我们了解个体的生涯发展在全球化经济背景下的变化与方向。

彼得·德鲁克预测未来的世界会变成一个组织机构的世界，每个组织相互依存但在概念、观点和价值观上有差异，每个组织机构致力于某个特定的任务。领导团队将会是“知识型工作者”，这些知识型工作者将以机构或团队成员的形式开展工作，且每个人都有限定的目标。

罗伯特·赖克认为当今世界大量的小型组织通过快速识别问题和解决问题为企业创造大量价值。为了确保这些小型组织的工作的有效性，他们彼此之间的沟通通常是直接地、快速地。赖克将这些小型组织描述为高价值企业，即使它们是非常短寿的组织，但是这些新的企业组织和关系正在塑造着全新的全球经济。

杰里米·里夫金在他的著作《工作的终结：后市场时代的来临》指出：计算机、机器人、电信和其他技术将改变我们的传统工作方式，特别是在农业、制造业、服务业等领域，机器正在越来越多地替代雇员工作，这些技术变革会让公司裁员、业务重组和工作场所的重新规划现象越来越普遍，并会改变全球化经济。他还认为，在这个后市场时代，我们要减少工作时间，这在一些欧美国家已经完成，这样做的好处在于为更多的工作者创造了工作机会，同时他还预测虚拟公司和工厂在未来会逐渐取代工作者，每个国家和个体都应该重新思考对工作的看法。

尽管“机器替人”已成趋势，不过，这并不意味着制造业不再需要新鲜血液。相反，随着生产线低端操作岗位的减少，对具备新能力的技师及工程开发人员的需求却极其的旺盛。据我国工信部发布的报告显示，中国制造业人才缺口接近 3000 万人。以三一重工为例，在 2017 年，该公司的蓝领工人人数为 9600 人，技术人员 2700 人，到 2022 年，这组数字分别为 1.45 万人和 1.22 万人，而到 2025 年，三一的规划是 0.3 万人和 3 万人。用人总数在增加，人才结构却发生了根本性的改变。制造业是中国经济的基本盘，我们需要改变的是对“传统制造业”的理解，并全力加大职业教育的投入和扶持。

2. 多元化的组织与文化。

组织机构是我们大多数人花费大量时间工作的场所，组织文化是我们很多人的生涯将展开的背景，个体的生涯发展与组织的整体发展关系紧密。在过去，工作者对组织忠诚并为组织提供服务就能工作到退休。但是，现在很多组织把工作者看做是生产过程的一部分，当工作者都确切地知道自己在组织目标中的地位并践行其工作使命时，组织目标才能实现。我们可能会发现很多人在不同类型的组织中工作，如营利性组织、非营利性组织、政府组织、协会等。组织的分类也并不是固定不变的，现代组织还有一个特性，那就是必须在快速变化的情况下运作并完成它们的任务，才能不断进步。

作为一个组织的新成员或雇员，学习组织文化是非常必要的。组织的信念、核心使命、存在的理由、组织的发展等都是构建组织文化的要素。当我们是组织中的一员时，是否理解和认同组织文化就会影响我们是否能成为领导者甚至影响个人的生涯发展。很多组织不止有一种文化，不同的部门或团队都可能有自己的文化。组织可以通过对工作者生涯的管理来实现组织目标和新的成长，个体的生涯发展与组织发展之间的关系强度依赖于组织文化。我们会发现大部分工作者都会与那些和自己很不一样的人一起工作，因为组织正在寻求那些在文化多元化、技能多元化、经验多元化的工作者。当我们考虑生涯发展时，我们就不仅仅只考虑职业、职位等信息，而是借助组织背景和文化去构建新的思考模式——我们能发展什么新技能？我们在组织中扮演什么角色？我们能学到什么新的知识？我们是想一直留在这里？还是要自己创业？

3. 新型的工作方式。

科学技术的发展、组织结构和文化的转变、全球化的经济变革背景下出现了很多新型的工作方式，如非全职工作、弹性工作、加班工作、轮班工作、兼职或多重职业、工作共享、远程办公、自由职业者、外包、员工租赁等。这些新型的工作方式使多才多艺和多重技能的工作者受益很多。同时人们的安全感也在发生转变，由过去对工作或就业的安全感转移到对自身就业能力的安全感上。对新型的工作方式的全面理解帮助我们认识到一份职业将是不断变化的，同时还需要使用某些跨专业的知识去解决不一般的问题。无论哪种工作方式，我们都应意识到个人必须认真分析自我知识和职业知识之间的关系。

互联网影响了全民的生活和社交方式，更是创造性地提供了数以亿计的职业岗位。而在这一方面，我们仍然存在着极大的误读和轻视。2023 年有一份网络直播行业的报告显示，截止到今年一季度，我国有超过 1.5 亿个互联网直播账号，超过 10 亿个内容创业者账号，带动就业机会约一亿人。

改革开放几十年来，我们国家经历了快速的工业化过程，职业市场发展也是和这个过程相适应的。最近五年，我们经济发展进入了结构性转型的阶段，加上近三年的疫情，作为“国民经济发动机”的企业，经营活动受到了抑制，遇到前所未有的困难。反映在就业市场上，呈现了前所未有的严峻情况。以经济周期的视角来分析当下及未来的职业市场，有哪些变化呢？

(1)岗位晋升竞争加剧，上升通道变窄，收入水平增速降低，薪资增长水平与企业盈利水平、行业景气度、经济周期息息相关。伴随着产业结构的调整，很多过剩产能出清，导致很多工厂利润变薄，甚至难以为继。大部分工作薪资增长空间有限，甚至可能会持续一段相对比较长的时间。岗位需求度下降，导致了岗位竞争加剧，企业会倾向使用价格更便宜的劳动力。

(2)岗位内在需求发生转变。工作在本质上是向所需要的机构提供以个人劳动力以交换劳动报酬的行为，因此，我们要考虑的基础出发点是，“客户”的需求是什么，而不是仅仅考虑“我要什么”。求职者一般会希望有更高的薪水，更好的福利待遇，更有前景的职业晋升途径，但这大概率取决于社会整体处在 GDP 增长，企业的盈利不断改善，利润保持在较高水平，生产规模持续扩大的环境中，企业才能够吸纳更多的劳动力，同时专业和岗位可以适当匹配。

目前我们国家处在向第二个百年的建设过程中，建成现代化强国，现代化强国核心是科技强国，夯实第二产业，产业立国。在未来相当长时间内，国家将大力发展高端制造、信息科技、新能源等新型产业方面，也会出现很多新的交叉学科。但这部分的人才供应是远远跟不上需求的。如果能够在择业的时候，考虑这些具有成长性的企业，随着企业一起发展，个人也许会得到更长远的收益。简而言之，我们目前所处的时代和以往不同，因此我们不能用过去的老方法来应对未来漫长职业生涯和人生，需要重新调整心态和策略，选择大于努力，顺势而为。

职业的变迁自古已有，只要社会在发展，技术在层出不穷，职业的变迁就不会停止。社会需求是职业变迁的根本动力，而技术迭代是职业变迁的直接原因。许多职业都是在技术的更新迭代中实现淘汰和新生的。每一种科学技术刚出现时，无疑都代表着当时最先进的生产力，而随着生产力进一步提高，技术也会不断更新换代，从而完成旧职业的淘汰和新职业的诞生。职业转型，是社会发展形势所迫，也是提高职业生命力的必要举措。我们需要认清社会发展趋势，知自己不足，知未来所需，必将在未来大放异彩！

二、你了解职业意识吗——树立职业意识

一个在学业上刻苦努力的人总有希望达到认知的巅峰；一个在职业上立志进取的人，就有可能开拓工作的新局面。有关学者对国内外一些在事业上有突出成就的人进行调查研究，了解影响他们成功的主要因素都有哪些，结果发现他们中的大多数人取得的

成就是由意志和性格决定的。在职业生涯发展过程中有很多影响个人发展的因素：以往经历过的学习和工作的背景会影响个人的发展；职业运气也会影响一个人的职业路径；最后一个非常关键的因素就是职业意识。好的技能和运气固然重要，但是如果没有良好的职业意识作为支撑，成功的机会势必会很少。总之，职业意识的重要性不容忽视，它能提升我们的职业素质，也是塑造未来职业道路的基石，更是追求职业可持续发展的根植点。

职业意识由就业意识和择业意识构成。就业意识是指人们对自己从事的工作和任职角色的态度和看法。择业意识是指人们对自己希望从事的职业的看法和要求。职业意识不仅影响个人的就业和择业方向，也会影响整个社会的就业状况。每个人的职业意识不同，会导致各自的发展不同。正确且成熟的职业意识有助于求职者职业兴趣的产生和职业选择的顺利推进，成熟的职业意识还有利于求职者工作方式和生活方式的优化及个人素质的提高。

（一）职业意识的内容

职业意识是职业道德、职业操守、职业行为等职业要素的总和。职业意识具体表现为：人们希望自己所从事的职业能对社会有所贡献，也希望自己的工作能得到相应的尊重、声誉和地位；人们对职业本身的科学技术水平和专业化程度的期望和要求；人们对职业的劳动或工作条件的看法和要求等。人们在认识和规划职业生涯时，将职业意识作为重要的参考因素之一，同时也体现在整个职业生涯规划执行和实现的过程中。职业意识具有社会共性，是每一个人从事工作的岗位基本要求和自我约束的前提。职业意识主要包括诚信意识、自律意识、学习意识、竞争意识和危机意识等多个方面。

1. 诚信意识。

古人云，人而无信，不知其可也。市场经济是信用经济，一个企业、一个职业人的信誉是可以用价值（金钱）来度量的（信誉度），所谓名牌、品牌可以作为无形资产。诚信是求职者进入社会的“通行证”。

2. 自律意识。

求职者一定要分清职业与业余的区别，从而在进入职业角色时能够克制自己的偏好，克服自己的弱点，进而约束自己的行为。

3. 学习意识。

社会发展突飞猛进，新的知识不断涌现。人们要想使自己有所成就，就一定要具备良好的学习心态，与时俱进这样才能让自己跟上时代步伐，才有可能实现人生价值，取得职业生涯的成功。

4. 竞争意识和危机意识。

“一花独放不是春，百花齐放春满园”。竞争是社会进步的表现，个人进步也需要竞争。有竞争自然就会衍生危机意识。竞争意识和危机意识不仅可以提高自己的能力，通过与别人的比较还可以发现自己的不足，从而不断加强自己、突破自己，最终达到自己的理想目标。与此同时，我们要重视公平竞争，在合作中竞争。

（二）职业意识的发展阶段

职业意识伴随着每个人个性的成长而发展，其发展是一个漫长的过程。职业意识的发展大致可以划分为 3 个阶段。

1. 树立职业理想和选定职业目标阶段。

大多数人的职业意识是在青年学生时期初步形成的，人们在这个阶段受社会环境、家庭环境以及个人经历等因素的影响形成了职业意识的第一个阶段。虽然在这一阶段，大多数人的职业意识没有完全定型，还会受到某些因素影响而有所调整，但它已经能对个人的学习、社会实践及各方面的知识和能力的培养起到重要的指导作用。

2. 为了实现理想而努力的实践阶段。

为了实现理想而努力的实践阶段是职业意识发展的关键时期，它直接决定一个人是否能胜任自己所追求的职业，并找到理想的工作，我们可以将这一阶段看作自我完善的阶段。

3. 实现职业理想阶段。

实现职业理想阶段其实是经历前两个阶段后的自然结果，也是求职过程的最后冲刺。在这一阶段中，求职者首先需要广泛收集就业信息，其次需要掌握求职技巧，并尽快适应追求已久的工作。

（三）影响职业意识发展的因素

明确了职业意识的发展过程之后，我们还需要了解影响职业意识发展的因素，从而培养成熟的就业意识。

1. 自身条件。

由于个体的知识技能各异，体质、兴趣、素质修养有别，从而决定了不同的人拥有不同的职业意识。

2. 价值观念。

有人把知识、能力作为向社会索取的筹码，有人把为社会创造价值作为奋斗目标。

在不同的价值观念影响下，每个人也会发展出不同的职业意识。

3. 家庭伦理观念。

家庭伦理观念对个体的职业意识有潜移默化的影响，如某些父母不让孩子远离居住地上学就业等，导致孩子的就业思维和就业范围受限。随着社会的发展，我们应该鼓励学生独立，挣脱传统观念的束缚。

4. 就业制度。

就业制度的改革增强了大学生就业的紧迫感、危机感，使大学生原有的职业意识和人生理想发生变化。

5. 经济观念。

虽然市场经济的发展淡化了大学生“业有高卑”的观念，但同时也使大学生对个人收入和生活条件的考虑日渐增多，这对大学生树立职业理想产生了一定影响。

6. 社会观念。

虽然在市场经济下，大学生尽己所能，自由择业，但职业“热门”和“冷门”的社会舆论导向仍在不同程度上左右着大学生的职业意识。

职业意识会直接影响个人职业发展的深度与广度，因此，我们必须根据自身的职业兴趣和能力等选择适合的专业，然后结合社会需求、自身的职业目标等学习专业知识和技能。坚持以辩证唯物主义的观点和方法看待职业生涯发展，用科学的世界观作为指导，不断提高自己的思想素质、文化素质和能力素质，不断地完善自我，把就业择业与大众的根本利益和社会需求有机结合。

三、如何培养职业意识——大学生职业意识的培养

了解了职业意识对职业生涯的影响后，大学生就应当注重培养自己的职业意识。大学生可以从以下 6 个方面来逐步培养正确且成熟的职业意识。

（一）塑造诚信形象

“人无信不立”，即一个人不讲信用，就不能立足于世。可见，讲究诚信在个人生活中的重要性。诚信一般包含两个方面的内容：一是指为人处世真诚，实事求是；二是指信守承诺。大学生应该努力塑造诚信的形象，这样他人才愿意与你深交，愿意竭力为你提供帮助。一个明智的员工会在为人处世方面十分诚实和坦率，以此来赢得更多的发展机会，赢得同事与他人的尊重。

（二）增强责任感

责任是一个人分内应该做的事情，是做好应该做好的工作，承担应该承担的任务，完成应该完成的使命。责任是一个人对自己的内心和环境勇于承担的能力和行为。责任感从本质上讲既要利己，又要以国家、社会和他人的利益为重；具体地讲，就是明确自己的权利与义务，对自己的工作和行为负责。在大学里，大学生认真学习，增强专业知识和技能，服从老师和学校的安排就是一种责任。在职场里，工作就意味着责任，不论你的工作现状怎样，尽职尽责不仅仅有益于公司，而且最终受益的也是自己。

（三）打造专业精神

专业精神通常指对工作的热爱和投入，是一种执着于工作的规范、要求、品质等要素的严谨作风。无论从事什么样的职业，只有全心全意地去做，不断累积工作经验，精进工作知识与技能，就能打造专业精神。专业精神强的人，往往具备良好的专业知识和专业能力，表现出高尚的职业道德和职业操守。大学生在培养专业精神时，需要严格要求自己，不管是学习还是社会实践，都要集中精力、主动积极、全力以赴。

（四）提高成就欲

在如今激烈的竞争环境中，工作总是充满着挑战，让人处于兴奋之中。如果一个人对工作没有足够的热爱和明确的成就动机，做好一项工作是很难的。人的成就欲也称为成就动机，是指一个人去从事、去完成自己认为很重要或很有价值的工作，并想使之达到完善地步的一种内在推动力量。一个人成就欲的强弱，直接影响到他的工作绩效的好坏。如果一个员工的成就欲不够，那么他对工作的态度可能是得过且过；反之，如果一个员工的成就欲很强，他将在工作中表现出高度的责任意识，会尽力解决工作中的问题。所以只有对工作抱有乐观态度，并有坚信成功的信念，将困难看成是考验，不逃避、不畏惧，并将优势与潜能化成克服困难的利器，才能获得成功。大学生应从学业中战胜困难中获得启发，更好地认识自己，为已确定好自己的奋斗目标，培养能发挥你潜能的专业素养。

（五）提高挫折承受力

挫折是难以避免的客观事实，人们怎样认识挫折、对待挫折更具有现实意义。挫折承受力是指人们在遭遇挫折时，能否承受得了巨大的压力和打击，有无摆脱和排解困境而使自己避免心理与行为失常的一种耐受能力。

大学生要提高挫折承受力，首先应正确认识自我，这样在做事情时才能制订出符合自己能力的目标。如果目标过高，会导致结果与自己的预期相差太大，打击自己的自信心；如果目标过低，会感觉自己没有发挥出实力。其次，大学生应学会自我调节。人生的道路崎岖坎坷，难免有挫折和失误，也少不了烦恼和苦闷。遭遇挫折时，大学生应迅速把注意力转移到别的方面去，比如向亲戚、朋友倾诉，或者参加一些娱乐活动。大学生平时可以拓宽自己的兴趣。兴趣是保护大学生良好的心理状态的重要条件。大学生的兴趣越广泛，适应能力就越强，心理压力就越小。最后，大学生要学会变通，及时调整目标。如果在一件事情上遇到的挫折接连不断，大学生就需要考虑是不是目标出了问题。如果是目标出了问题，大学生就应学会变通，及时调整目标。

（六）培养团队精神

团队精神是团队成员在领导的指挥和带领下，相互沟通交流协同一致为共同的愿景而努力奋斗的精神，其核心是协同合作，最高境界是向心力和凝聚力空前增强，团队成员之间相互信任，个体与集体利益相互统一，促使团队高效运转。简单来说，团队精神就是大局意识、协作精神和服务精神的集中体现。对于一个集体、一个公司，甚至是一个国家，团队精神都非常关键。大学生培养团队精神应该从日常学习生活做起。在日常的学习、生活中，同学之间应经常交换思想、交流情感、相互关心，在交往中共同体验合作的快乐。团队精神归根结底就是互助精神。

正确的职业意识可以对我们的职业生涯发展乃至人生产生正面影响。第一可以改变我们工作的原动力。正确的职业意识可以改变自身工作的原动力，使人可以更主动、更努力地去工作。第二可以提高个人绩效。当你更努力、更主动地去工作时，个人的业绩也会相应地得到极大提高，促进职业生涯的成功。

任务二　生涯唤醒

一、如何认识生涯——生涯彩虹图

“我们看的不是病，而是病人”，这是中国工程院院士钟南山在 50 多年的从医生涯中感受最深的一句话。在他看来,人文精神是医学的核心价值,医者的良知主要体现为摒弃防御式的医疗行为,治病救人是医生的天职。正是秉承着这样的信念和人文精神,他以院士的博学、战士的坚强、逆行的悲壮,给迷茫无助的患者带去了光明和希望。生涯和职业的概念一直联系紧密。职业是指不同行业和组织中存在的一类似的职位。但是什么是生涯呢?大多数人认为拥有自己的职业生涯是理所当然的事情。父母、老师和朋友们都期盼着我们拥有自己的事业。我们的人生成功与否以及身份认定都要由我们的职业生涯来衡量。但生涯不只是职业生涯,还包含了很多内容。在探讨如何完善生涯规划和生涯发展的方法之前,我们需要对生涯、生涯问题进行足够的了解。

想象现在是五年后的某一天,一个平常的工作日。早晨,你从一夜的安睡中醒来,想到即将开始的一天,心中充满了兴奋和期待。你起身,从衣橱中挑出你今天上班要穿的衣服。现在你正站在镜子前装扮自己,你穿着什么样的衣服呢?现在你开始吃早饭,有人跟你一起吃早饭吗?还是你一个人吃?接下来,你准备去上班。你是在家里办公吗?如果不是,你工作的地方在哪里?离你家有多远?你乘什么样的交通工具去哪里?现在你正走向你工作的地方。它位于什么地方?看起来怎么样?你做些什么工作?你主要是操作机械、工具,还是跟人打交道?你的办公场所是什么样的?是在室内还是室外?你跟别人一起工作吗?你跟他们会有一些什么样的交往?到吃午饭的时候了,你准备去哪儿吃饭?跟谁一起去?他们会谈论些什么问题?现在回到工作中来,完成这一天的任务。下午的工作与上午的工作有什么不同吗?你什么时候结束工作?离开前完成的最后一项任务是什么?一天的工作结束了,你会怎样度过夜晚的时间?夜里,当你躺在床上回想这一天,有哪些事让业你感到愉快和满足?为什么?

通过上面这个练习,我们可以了解自己理想的生活状态。其中无论是对我们的衣着、交通工具,还是工作内容和场景幻想,都可以让我们更加明确有关生涯的信息。头衔、晋升、办公环境、薪水和奖励等这些可以算是职业生涯的重要里程碑,但绝不是职业生涯的尾声。

布赖恩·费瑟斯通豪在《远见》里探讨关于生涯与职业生涯的命题,并给我们提供了一个令人耳目一新的答案。他认为构建成功的职业生涯的目的并不仅在于找到我们热爱的工作,而是不断积累职场燃料并不断更新,同时精明地消费职场燃料来推动职业生涯的可持续发展。职场燃料是指可迁移技能、有意义的经验、持久的关系(职业生态系统)。他指出,职业生涯并不是以线性或者可预测的方式发展的,但总体来说职业生涯可以被分成三个主要阶段,每一个阶段都持续大约15年。第一阶段:加添燃料,强势开局,其目标就是为接下来的两个阶段打好基础;第二阶段:锚定甜蜜区,聚焦长板,其目标是专注于自己的长板,树立起自己的品牌;第三阶段:优化长尾,发挥持续影响力,其目标是从执行或领导的角色转变成顾问或辅助的角色。这三个阶段并不是孤立存在的，而是互相关联的。他将职场燃料视为走完职业生涯的基础，储备好职场燃料会让我们免遭淘汰，并将延长我们的职业生涯。

(一)生涯

1. 西方国家对生涯的解读

生涯(career)是指个人通过从事工作所创造出的一种有目的的、延续不断的生活模式。这个定义由国际生涯发展协会(National Career Development Association)提出，是生涯领域中使用最为广泛的一个定义。该定义中包含了一些重要的观念，对于从事生涯规划的工作者来说具有重要的实践意义。我们需要对生涯定义进行详细的分析，以确定生涯的范围及生涯问题各部分之间的关系。“延续不断的”指生涯不是作为某个事件或选择的结果而发生的事情，也不局限或束缚于某一特定的工作或职业。更确切地说，生涯是一个持续一生的过程，它受到个人内在和外在力量的影响。该领域的一些专家甚至使用“人生/生涯”这一术语来作为联结生命过程与生涯观念的桥梁。“创造出”是指生涯是人们在愿望与可能性之间、现实与理想之间妥协和权衡的产物。生涯发展是塑造我们生涯的社会、心理、教育、家庭和机遇等因素的总和，是人们一系列接连不断的选择的结果。当人们做出选择时，需要权衡这些选择的收益及其代价与风险。对人们来说，没有“十全十美”的生涯道路，但也许存在最适宜的道路。“有目的的”是指生涯对个人来说是有意义的。生涯不是偶然发生或应运而生的，它是规划、慎重考虑、制定和执行的结果。生涯因个人的动机、抱负和目标而形成、发展，它反映了个人的价值观和信念。“生活模式”意味着生涯不仅是一个人的职业或工作。生涯包含所有的成人生活角色(如父母、配偶、持家者、学生)，以及人们整合与安排这些角色的方式。

美国生涯理论专家舒伯(Super)认为，生涯是“生活中各种事件的演变方向和历程，包括人一生中的各种职业和生活角色，及由此表现出的个人独特的自我发展类型。”这个定义非常宽泛和全面，综合考虑了职业与其他生活如休闲、退休等发展的统一。从生涯的角度看自己的职业发展，职业生涯是有意义的相关工作经验的系列组合，包括职业、职位的变动及工作理想实现的整个过程。

2. 中华传统文化下的生涯观

2014 年，习近平总书记在北大五四讲话中提到，“中华文明绵延数千年，有其独特的价值体系。”“我们提倡和弘扬社会主义核心价值观，必须从中汲取丰富营养，否则就不会有生命力和影响力。”“中国优秀传统文化已经成为中华民族的基因，根植在中国人内心，潜移默化影响着中国人的思想方式和行为方式。”在中华传统文化的语境下，生涯与生涯发展的概念更广。在我国最早关注并讨论“生涯”的是孔子。他说“吾十有五而志与学，三十而立，四十而不惑，五十而知天命，六十而耳顺，七十而从心所欲，不逾矩。”孔子把人生分为几个阶段，而每个阶段取得的成就在很大程度上取决于前一个阶段积累准备。故此，个体要明白每个人生阶段自我成长的目标显得极为重要。庄子说“吾生也有涯，而知也无涯”，“生”是指生命或人生，“涯”就是边际。生涯就是人生的边界指向未来，具有持续性。生涯咨询专家金树人认为，“career”的本意就有竞争、冒险的含义，这比较贴近中国文化中“志业”的概念，致力于某种事业的意思。“志”字上面是“士”，下面是“心”，这个“心”包含着致力于此的决心和憧憬。钱穆认为，中国人强调一种通才取向的生涯观，既强调谋得一官半职，也强调这个职位对个人的智能要求是术德兼修。

对比中西方对生涯的理解，可以发现西方人的生涯观是多角色的结合，包括工作者、学生、父母、子女、伴侣、公民及退休者；而中国人的生涯观不仅包含自我的充分发展，还包含关系的和谐，如自我与他人、自我与社会、自我与职场的和谐。总的来说，生涯这个概念涉及多方面的内容，包括教育、经历、情感、社会、家庭、个体自身等。因此，生涯是一个不断出现问题、解决问题、制定决策的过程。

（二）生涯形态的变化

从职业生涯的发展来看，随着社会的变迁，职业生涯形态也发生了很大的变化，主要分为以下 3 种。

1. 传统职业生涯。

传统职业生涯，是在工业经济时代，依托稳定的科层制组织结构而产生的。专家指出，传统职业生涯模式下，个体可能终身受雇于某一或少数组织，个体的职业发展主要体现为在组织内的晋升。传统职业生涯的生涯目标是加薪和晋升，基于组织所需发展特定的技能，组织通过职业阶梯为雇员提供职业生涯管理计划，帮助个体发展职业生涯。在传统的职业生涯中，员工以对组织的忠诚换取长期或终身的就业保障。

2. 易变性职业生涯。

易变性职业生涯的概念与传统职业生涯的相对立。随着商业环境的快速变动，一方面，组织本身面临的不确定性越来越大，组织一旦发生重大变动，依赖组织的个体晋升就不能得到保障。另一方面，随着组织的扁平化，组织内晋升机会越来越少，个体在组织中普遍更早遭遇职业高原。因此，个体需要转变自己的职业生涯发展方向，发挥自我的主动性，主动管理自己的职业生涯，这便是易变性职业生涯取向。易变性职业生涯是指员工自己来管理职业生涯，根据其核心价值做出职业决策。判断职场成功的主要标准是心理成功感，即主观成功。易变性职业生涯的展开不受特定职业生涯路径组织的约束，而是遵循内心意愿。

深入来看，易变性职业生涯取向包含两个核心，一个是自我主导，另外一个是价值驱动。自我主导即个体应当为自我职业生涯发展负责，在做职业决定和采取职业行动时发挥自己的能动性和意志力。然而工作世界复杂多变，自我主导的依据是什么呢？这便是价值驱动的含义。个体以自我内在价值观做出职业决策和行动，并且依据自我价值观评估自我职业生涯。个体的内在价值观就像一个指南针，为面临变动的个体指明方向。同时，当晋升普遍变得困难，每个个体只是巨大经济机器的一个小螺丝钉的时候，个体追求内在价值才更有可能获得工作的满足感和意义。

3. 无边界职业生涯。

无边界职业生涯的概念最早出现于20世纪90年代，是指一种不限于单一雇佣范围的一系列就业机会的职业路径。与传统职业生涯不同，无边界职业生涯强调以就业能力的提升替代长期雇佣保证，使员工能够跨越不同组织实现持续就业。无边界职业生涯的生涯目标是个体在劳动力市场上的可雇佣性的提升。在无边界职业生涯中，劳动者的就业价值观发生了变化。在新型的职业生涯中，劳动者希望获得跨越不同企业可携带的技能、知识和能力，希望能从事有意义的工作，并能获得工作中的学习机会，希望发展多种工作网络和学习关系。另外，从组织的角度出发，追求灵活性和组织弹性成为组织变革的主要趋势，组织不再愿意也很难为员工提供终身或长期的就业保障。基于此，劳动者与组织之间的心理契约从传统的“关系型”转变成了“交易型”。关系型心理契约以劳动者对组织的忠诚为基础，而交易型心理契约则以劳动者的就业能力为核心。

在无边界职业生涯时代，组织结构趋于扁平化，取消了原来的管理层级和职业阶梯，加薪幅度也越来越小，从而使得人们无法仅仅依靠外部的成就来评价是否获得职业成功，这导致客观职业成功的重要性逐渐降低。另一方面，对于职业成就的主观感受越来越受到人们的重视。在这样的生涯环境之下，人们不再将工作视为一种谋生手段，而更加强调职业的发展性。例如，客观职业成功的测量指标不再聚焦于原有的组织内晋升次数和薪酬水平，而是把目光转移到了员工在整个人力市场中的位置与表现，即“个人市场竞争力”。而主观职业成功的测量指标也加入了新的内容，如学习新东西的机会、心理上的成功、家庭和谐和自我发展等。

（三）生涯问题

2007年至2009年，美国的经济衰退导致了成千上万的工人大规模失业。2023年，国家统计局发布的全国城镇调查失业率显示青年失业率居高不下。这不仅仅是大学生需要面对的现实问题，更需要我们所有人积极思考，并做出强有力的回应。生涯问题不仅限于个人目标模糊，个人也会出现因失业、职业转向或家庭与工作之间的矛盾冲突而经受巨大的创伤等现象。

在今天这个人才竞争的时代，我们会在生涯发展过程中遇到很多困惑或问题。如果不能及时地解决这些困惑或问题，就会给我们带来不利于生涯发展的因素。因此，我们以什么样的状态来面对这些问题显得尤为重要。从生涯发展来看，任何一个阶段遇到的问题都不是小问题。不同阶段遇到的问题对于当下的个体来说，都需要我们认真对待。

个体的生涯发展并不是一帆风顺的，它需要很多年甚至几十年的时间才能发展和展开。个人的生涯发展与国家乃至全球促进就业增长的政治、经济力量都有关联。同时职场生活的质量也会影响生涯发展，比如失业率的增加导致个人健康问题、家庭生活质量问题。个人的生涯发展也可能与某个行业或机构的发展状态息息相关。鉴于充分就业对于个人和国家的重要意义，像经济危机那样在短时间内就有成千上万人失业的灾难性事件，其影响则更为深远。而且更糟糕的是，使人们重返劳动力市场的系统却效率低下。生涯质量很可能受到国家经济运行的健康状况、行业和机构状况以及你求职所使用的方法的影响。

（四）生涯彩虹图

什么是成功的职业生涯？其答案正在快速发生变化，人们都在拼尽全力应对一系列全新的挑战。大多数人工作的时间比睡觉的时间更长，很多人与家人在一起的时长也比不上工作时长，一辈子在工作上耗费 100000 小时的人不在少数。即使是在不工作的时候，我们也常常在为工作担忧。正确的做法是，我们应该将精力集中起来，去了解这些翻天覆地的变化，并创造出一系列崭新的工具、技能和结论，它们在职业生涯的每个阶段都能提供帮助。外部环境的变化也意味着人们对职业生涯相关观念的适用性、时代性建议有着强烈且不断增长的需求。我们的大学和公司也许能教授世界上最好的技术和商业技能，但如何将所有的建议、见解和实践经验统合成一份连贯的职业规划，这是一个值得思考的课题。

自 20 世纪 50 年代起，舒伯以新的方式对职业生涯发展进行思考，经过不断研究，最终确立了一套“围绕生涯”这一过程的“彩虹理论”，该理论较好地概括了人的职业生涯发展历程。根据舒伯的看法，一个人在一生中扮演的许许多多的角色就像彩虹一样具有许多色带。他认为，职业生涯发展是人生成长的一部分，除了职业角色，个体在生活中还扮演着子女、学生、休闲者、公民、持家者、配偶、退休者、父母或祖父母等角色。舒伯指出角色除与年龄及社会期望有关外，与个人所付出的时间及情绪程度都有关联，因此每一阶段都有显著角色。

（1）横贯一生的彩虹——生活广度。在一生生涯的彩虹图中，横向层面代表的是横跨一生的生活广度。彩虹的外层显示人生主要的发展阶段和大致估算的年龄：成长阶段（0～14岁）、探索阶段（15～24岁）、建立阶段（25～44岁）、维持阶段（45～65岁）和衰退阶段（65岁以上）等5个主要阶段，创造性地描述出一个多角色生涯发展的综合图形。在这5个主要的人生发展阶段内，各个阶段还有小的阶段，舒伯特别强调各个时期的年龄划分有相当大的弹性，应依据个体的不同情况而定。

（2）纵贯上下的彩虹——生活空间。在一生生涯的彩虹图中，纵向层面代表的是纵贯上下的生活空间，由一组职位和角色所组成。舒伯认为人在一生当中必须扮演九种主要的角色，依次是：儿童、学生、休闲者、公民、工作者、夫妻、家长、父母和退休者。各种角色交互影响交织出个人独特的生涯类型。一个角色的成功，特别是早期的角色如果发展得比较好，将会为其他角色提供良好的关系基础。但是，如果人在一个角色上投入过多的精力，而没有平衡各角色的关系，则会导致其他角色的失败。在每一个阶段对每一个角色投入精力可以用颜色来表示，颜色面积越大表示该角色投入的精力越多，空白越多表示该角色投入的精力越少。其作用主要是对自身未来的各阶段进行调配，做出各种角色的计划和安排，使人成为自己的生涯设计师。

这个多重角色生涯发展的综合图形——生涯彩虹图，形象地展现了生涯发展的时空关系，更好地诠释了生涯的定义。舒伯认为在个人发展历程中，每个人随年龄的增长而扮演不同的角色。图的外圈为主要发展阶段。图的内圈阴暗部分的范围，长短不一，表示在该年龄阶段各种角色的分量；在同一年龄阶段可能同时扮演数种角色，因此彼此会有所重叠，但其所占比例分量则有所不同。通过生涯彩虹图，我们可以很好地表示各个角色的变化、角色之间是相互作用的、某个角色上的成功能带动其他角色的成功。反之，一个角色的失败，也可能导致另一个角色的失败。而且，为了某一角色的成功付出太大的代价，也有可能导致其他角色的失败。人的角色会随着社会任务或职业生活的变化而变化，角色的变化从根本上说是社会权利和义务的变化。大学生就业后的社会角色转换不是瞬间发生和完成的，而是需要一个过程。每个人的生涯彩虹图都是不同的，所以我们从生涯彩虹图中可以看到不同的生涯设计。

二、如何完善生涯的发展——生涯发展理论

生涯发展是指那些共同塑造我们生涯的经济、社会、心理、教育、生理以及机遇等因

素的总和。生涯发展是一个很大的概念。它受到资金与财务资源、团队关系、社会阶层、心理健康、个性、教育水平与经历、身体能力与特质以及机遇因素的影响。所有这些因素结合起来，影响着人们职业生涯道路的展开方式。20 世纪以来，心理学家、社会学家、经济学家和教育学家一直尝试进一步了解人们进行生涯选择和生涯问题解决的过程和方式。他们所累积的知识可视为一门学科或一套知识体系。这些生涯发展领域具有多学科性，包括职业心理学、职业社会学、劳动力市场经济学以及职业行为学。

每个人的职业生涯都要经历许多阶段，只有了解了不同阶段的特征、知识水平要求和这种职业偏好，才能更好地促进个人的职业生涯发展。在本书中，我们收集了两位生涯理论家的研究成果，基于他们的理论成果我们可以用于生涯干预过程的材料。

（一）金斯伯格的职业生涯发展阶段理论

金斯伯格是美国著名的职业指导专家、职业生涯发展理论的先驱和典型代表人物。他研究的重点是从童年到青少年阶段的职业心理发展过程，通过比较美国家庭的人从童年期到成年早期和成熟过程中的有关职业选择的想法和行动，将职业生涯发展分为幻想期、尝试期和现实期三个阶段。

幻想期是指 11 岁以前的儿童时期。儿童对所接触到的职业充满好奇，幻想着自己长大从事什么职业，并极力效仿。但这只是单纯的兴趣爱好，没有考虑自身的条件和机遇，完全是幻想。

尝试期从 11 岁到 17 岁，是从少年向青年过渡的时期，分为兴趣阶段（11～12 岁）、能力阶段（13～14 岁）、价值观阶段（15～16 岁）和综合阶段（17 岁）。此阶段的知识和能力得到增长，逐渐形成自己的价值观，初步了解社会，开始结合自身的条件和机遇考虑职业。

现实期是指 17 岁以后的青年期和成年期，分为试探阶段、具体化阶段和专业化阶段。这个时期能客观地将职业愿望和实现条件结合，有具体和现实的职业目标。

金斯伯格的理论范围主要从童年到青少年，所以我们可以将他的理论理解为在成年前的一种职业发展过程。在互联网时代，信息更新迭代的速度非常迅速，现在的孩子所接触到的信息和面对的选择都要远远多于过去的。金斯伯格的理论能够帮助我们更好地理解年轻员工的需求和心理变化，从而更好地与他们合作。

（二）舒伯的生涯发展理论

唐纳德·舒伯是美国一位有代表性的职业管理学家。舒伯集差异心理学、发展心理学、职业社会学及人格发展理论之大成，通过对长期的研究，系统地提出了有关生涯发展的理论。舒伯提出的生涯发展理论是对生涯彩虹图的进一步解释和完善，他用发展的职业观取代了静止的职业观，由注重职业早期发展向注重终生职业发展过渡，适应了时代的变革，使职业理论更加贴近生活实际。舒伯有关生涯发展的五阶段理论，强调从主观动态发展的过程中探寻职业的最佳选择，通过对不同阶段的具体发展任务或角色的划分，帮助个人更好的思考人生生涯发展之路。通过舒伯生涯发展理论不仅可以看出人在不同的阶段有不同的重点发展任务，而且在不同发展阶段的不同时期也有不同的重点发展任务，所以在教育的过程中，也应当施加不同内容的教育。具体内容如图 1-2 所示。

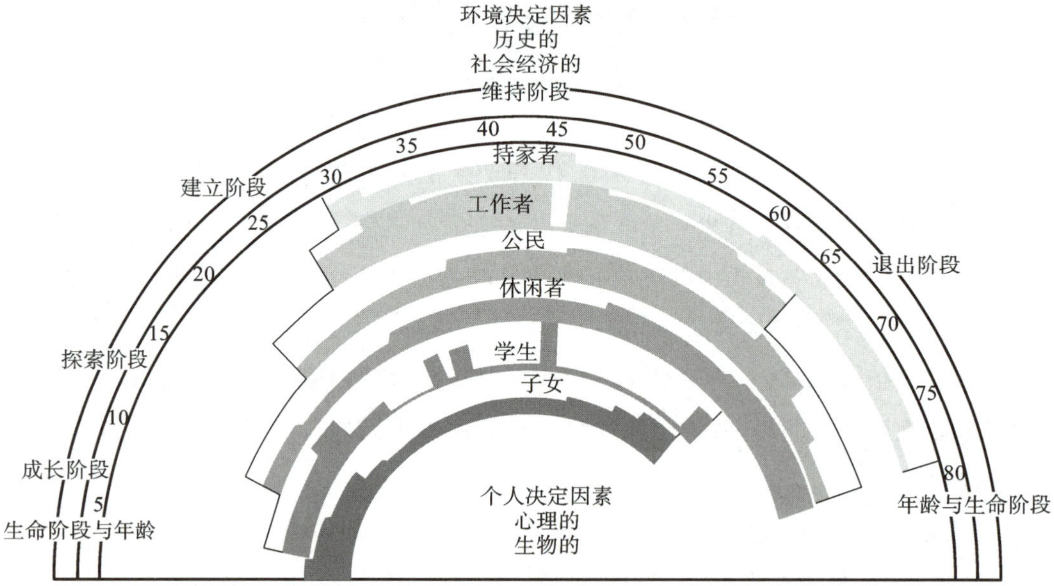

图 1-2　生涯发展理论

对于图 1-2，具体解释如下。

(1)成长阶段：由出生至 14 岁，该阶段的孩童逐渐发展起自我概念，尝试以各种不同的方式来表达自身的需要，通过对现实世界的不断摸索和探究，开始试图对自身角色加以修饰。这个阶段发展的任务是塑造自我形象，形成对工作世界的正确态度并开始了解工作的意义。该阶段包括以下 3 个时期。

①幻想期(4～10 岁)，个体主要考虑“需要”方面的因素，是对幻想中的角色进行扮演的时期。

②兴趣期(11～12 岁)，个体主要考虑“喜好”方面的因素，这决定着个体的抱负和理想方向。

③能力期(13～14 岁)，个体主要考虑“能力”方面的因素，能力逐渐发展成为主导

力量。

(2)探索阶段:15～24 岁,该阶段的青少年从学校、社会等场所的活动中,逐步对自我能力及所扮演的社会角色有了尝试性的探索和了解,因而扩展了在职业生涯规划上的选择弹性。这一阶段的发展任务是使职业偏好逐渐趋于明确和具体并将其实现,包含以下 3 个时期。

①试探期(15～17 岁),个体尝试考虑将需要、兴趣、能力与机会等因素相结合,并在幻想和讨论的过程中加以尝试。

②过渡期(18～21 岁),个体进入专业技能培训或就业市场,更加重视实际,并力图实现自我观念,将一般性的选择转为特定的选择。

③试验期(22～24 岁),个体的生涯概念初步形成,并对其成为长期职业生活的可能性加以验证,若不适合则可能再经历上述各时期以确定方向。

(3)建立阶段:25～44 岁,经历过上一阶段的验证和新的尝试,不适合者会谋求改变或做其他探索。因此,个体在该阶段通常能明确整个生涯中适合自己的目标和属于自己的位置,并逐步建立自己的地位。该阶段发展的任务是稳固并求上进,可细分为以下两个时期。

①试验稳定期(25～30 岁),个体趋于安定,也可能因生活或工作上的变动而尚未感到满意。

②建立期(31～44 岁),个体致力于工作上的稳固,极具创造性价值,资历渐深,业绩优良。

(4)维持阶段:45～65 岁,个体在面对新生力量挑战的同时,仍希望继续维持属于自己的工作和职位,因而这一阶段发展的任务就是维持既有的成就和地位。

(5)衰退阶段:65 岁以上,由于生理与心理机能的衰退,个体不得不面对现实开始逐步隐退。在这一阶段中,个体往往注重新角色的开辟和发展,通过寻求不同的生活方式来替代和满足原有的身心需求。

通过舒伯的生涯发展理论,个体可以清楚地看到自己所处的生涯发展阶段。大学生处在生涯发展的探索阶段,既要确定职业兴趣和方向,还要建立职业生涯的任务。因此,在这一阶段一定要对自己进行充分的探索,同时积累足够的社会实践经验,才能在以后顺利地实现个人与职业的合理匹配,通过进行合理有效的规划并付诸实施的过程是值得我们投入的。

课中实训

实训一:探索职业及其发展

1. 根据你现在所学的专业,谈谈该专业的大学生毕业后适合从事的行业和岗位,并预测这些行业及岗位的未来发展趋势。

2. 请分组讨论:除了书本上列举的方法外,探索职业还有哪些好方法? 小组之间以竞争的方式轮流讲述讨论出的方法,每次讲一种,不能重复,直到某小组讲不出为止。将大家的方法记录在黑板上。

实训二:我的生涯我做主

请根据任务一、二所学,回顾一下自己过往的生活经历,通过回答以下6个问题,慢慢贴近自己的感受,找到自己的人生主题。

1. 人生有哪几个阶段?

2. 每个阶段之间的关系是怎样的？

3. 每个阶段的任务分别是什么？

4. 每个阶段的任务完成情况会对下个阶段产生什么影响？

5. 我现在正处在哪个阶段？我的发展任务是什么？

6. 以自己为原型，按照生涯彩虹图从现在开始设计自己的人生发展路径，直至人生终点。

复盘反思

1. 知识盘点:通过对“生涯唤醒”项目的学习,你掌握了哪些与职业意识和生涯相关的知识?请画出思维导图。

2. 应用知识:本项目的学习对于你的生涯规划是否有意义?是否会影响到你的生涯计划和生涯发展?

3. 方法反思:本项目学习的“生涯彩虹图”和“生涯发展理论”是否对你有用?在完成本项目学习和实训的过程中,你学会了哪些分析问题和解决问题的方法?

4. 行动影响:在完成本项目学习和实训的过程中,你认为自己还有哪些地方需要改进?

5.素质技能自评表。

使用说明：按评价指标评价项目素质技能成绩，优秀为5分，良好为4分，一般为3分，合格为2分，不合格为1分（见表1-1）。其中，评价分为学生自评。

表1-1　素质技能自评表

素质技能点评价指标	得分
信息素养能力	
分析能力	
独立思考能力	
反思能力	

注：①信息素养能力，指能够判断什么时候需要信息，并且懂得如何去获取信息，如何去评价和有效利用所需的信息；②分析能力，指在思维中把客观对象的整体分解为若干部分进行研究、认识的技能；③独立思考能力，指能用自己的眼光观察事物，用自己的头脑想问题，判断是非曲直，辨别美丑善恶，提出符合实际的见解；④反思能力，指能对自己的决策、行为、方法以及由此产生的结果进行审视、分析、调整的能力。

项目二　自我认知

学习目标

1. 了解认知自我的途径与方法。
2. 能够结合自身特质，解释霍兰德代码、解释 MBTI 测试结果。
3. 理解施恩的职业锚理论。
4. 能够找出不同价值体系中自己价值观的共同点。
5. 学会分析职业能力测评表结果。
6. 了解性格、兴趣、价值观、能力与职业生涯发展的关系。
7. 学会分析自身的性格、兴趣、价值观与能力。

思维导图

- 项目二 自我认知
  - 课前自学
    - 任务一 性格认知
      - 性格对职业生涯发展重要吗
      - 我适合做什么
      - 如何完善职业性格
    - 任务二 兴趣认知
      - 兴趣对职业生涯发展重要吗
      - 我喜欢做什么
      - 如何培养职业兴趣
    - 任务三 价值观认知
      - 价值观对职业生涯发展重要吗
      - 我工作的动力是什么
      - 如何树立正确的职业价值观
    - 任务四 能力认知
      - 能力对职业生涯发展重要吗
      - 我能做什么
      - 如何培养职业能力
  - 课中实训
    - 通过探索职业性格、职业兴趣、职业价值观、职业能力去找到适合自己的职业 —— 6课时
  - 复盘反思

课前自学

任务一　性格认知

一、性格对职业生涯发展重要吗——性格与职业生涯发展

每个人都生活在社会大环境当中，个体与个体之间、个体与环境之间都有着不断发展变化的联系，这就要求个体的发展需随着环境变化不断进行调整。正确地认识自我，可促使我们对自身进行全面客观的认识和管理，这对个体才能的发挥具有积极作用。同时，正确认识自我也有益于人们对自己的身心状态进行明确的认知、观察和反思，并了解与之匹配适应的环境和职业，就能帮助我们做出合乎自己情况的职业选择，也更容易成为有效率的工作者。

（一）性格的概念

日常生活中经常听到人们说："她性格真好！""他性格随和！""她是一个热情、开朗的女孩！"这些都是在描述一个人的性格。与此同时，我们也听过诸如"他是一个有个性的人！"等表述。那么，性格、个性是同一意思的不同表述？还是存在差异？性格有好坏之分吗？我国第一部大型心理学工具书——《心理学大词典》中的个性定义反映了多数学者的看法，即"个性，也可称人格，指一个人的整个精神面貌，即具有一定倾向性的心理特征的总和。"关于性格，心理学家们有多种定义，按照国内比较一致的说法，性格是个人对于现实的稳定的态度和习惯化的行为方式，是心理特征的表现形式。性格的形成受到遗传、生理、父母养育方式和学习经验等多方面因素的影响。因此，性格不是先天形成的，而是在个人先天的体质、智商等基础上，在家庭教育、社会教育、社会环境的影响下和个人修养中逐渐形成的。性格具有独特性，在不同的情境中表现出特定的气质和特定的行为方式。性格具有一定的稳定性，但又不是一成不变的。客观环境的变化和个人的主观

调节都会使性格发生改变，所以性格与职业的匹配也并非是绝对的。

案例导读

小林今年35岁，毕业于名校，专业成绩好，目前在一家大型的教育机构任主管，有自己的研究课题和工作团队。她很喜欢这份工作，也制订了详细的工作规划，但她的职业生涯并不是一帆风顺的。23岁大学毕业那年，她就来到这家大型的教育机构工作，由于专业成绩和文字功底都很强，一开始领导安排她做专业课程的培训讲师，主要工作是给学生和家长上公开课。没想到的是，小林工作很费力，花很多时间准备，但讲课的效果并不好，没能吸引学生和家长。小林不知道如何把自己的知识用学生们能接受的方式传递出去，学生们好像听不懂，家长也经常提一些问题，打断她授课的思路。同时，她很想在专业上做些深入的研究，但授课和备课占据了她太多时间。她的上司曾一度怀疑过她的工作能力，想要辞退她。

后来机构的人力资源部门针对她的情况做了专业的职业咨询和指导，发现小林性格内向，并且善于以独特的视角，系统地思考问题，于是做出了工作调整，让她到新成立的咨询部门，为学生和家长提供一对一的个别指导。这项工作很符合小林内向、擅长小范围深度交流的性格特点，也符合她以抽象思维认知世界的特点。小林因此觉得工作非常有趣，能够专注于每个学生的特点并提供独特的解决方案。她很快就胜任了新的工作模式，并开发出一套细致且有针对性的辅导策略，很受学生和家长欢迎。经验不断丰富之后，她开始担任咨询部门的主管，带领团队成员准备将自己的工作成果编成教材出版。

（二）性格与职业性格

性格与职业息息相关。性格使一个人更加偏爱某一种而不是另一种环境。这种对人、对己稳定的态度和习惯化的行为方式也会在职业生涯规划和职业生涯发展上有所反映。职业性格是一个人对职业的稳定态度和在职业活动中习惯化的行为方式所表现出来的个性心理特征。现实生活中，因性格与职业不匹配导致职业发展受阻，已逐渐成为职场人面临的严峻问题。性格这个因素并不能决定个人的职业，但在择业时考量自己的性格与所选择的工作之间的匹配关系是十分重要的。性格无所谓好坏，每一种性格都有与之相适应的职业范围。大学生在求职过程中，关键在于发挥自己的性格优势，找准适合自己性格的职业。

（三）性格与职业生涯发展

在目前的职业生涯发展中，很多人因为性格问题苦恼或迷惑，有人认为自身应该从事某种工作，其原因就是自己的性格与之匹配，而有的人做不好现有的工作也说是性格不适合造成的。那么，性格能否决定职业方向？它在职业生涯中到底能起什么作用？首先必须说明的是，职业方向的确定受到诸多因素影响与决定。一个人考虑从事什么职业是从选择专业或者从学校毕业找工作开始的，也有人是有了一段工作经历之后提出这样的问题的。可见，专业与经历对职业方向的影响甚大，尤其是那些专业技术性比较强的学科。至于那些和职业联系不紧密的专业，个人特定的兴趣和市场需求影响的因素会大一些。当然，个人需求也对职业方向有影响。因此可以发现，性格在决定个人职业方向时，往往并非表现出最具决定性的作用。但是，从实际的职业生涯发展角度而言，性格若与个人的职业环境保持高度一致性的话，那将最大限度地发挥自己的性格优势，得到最大的职业满足感和职业生涯发展机遇。就个人角度而言，了解自己性格中的优势和劣势，可以扬长避短，基于性格优势，更好地选择适合自己的职业环境与领域，选择那些与自己的性格相匹配的工作。从职业的角度看，不同职业本身具有不同的特点，对从业人员的性格特点也会有不同的要求。如果我们知晓自己性格的特点，并了解与之相适应的环境和职业，就能帮助我们做出合乎自己情况的职业选择，这样在职业生涯发展过程中才能发挥自身特有的优势。

二、我适合做什么——MBTI 职业性格测验

心理学家经过多年的研究，制定出一些专业的量表，帮助我们了解更为复杂的性格。在心理学领域，不同理论取向的心理学家，会用人格、人格类型、人格特征等概念描述性格的部分特征。这些量表中，迈尔斯—布里格斯职业性格测验表(Myers-Briggs type indicator，MBTI)是目前较为权威、普遍使用的职业性格评估工具，该量表被广泛应用于自我探索、人才选拔和职业生涯规划和发展中。

(一)迈尔斯—布里格斯职业性格测验表

注意事项如下。

(1)请在心态平和及时间充足的情况下作答。

(2)每道题目均有两个答案：A 和 B。请仔细阅读题目，按照与你性格相符的程度分别给 A 和 B 赋予一个分数，并使一组中的两个分数之和为 5。最后，请在问卷后的答题纸上相应的方格内填上相应的分数。

(3)请注意，题目的答案无对错之分，你不需要考虑哪个答案是最佳选项，而是应该

凭你心里的第一反应做出选择。

(4)如果你觉得在不同的情景里，两个答案或许都能反应你的倾向，请选择一个对于你的行为方式来说最自然、最顺畅和最从容的答案。

例如，“哪一句较能表达你的看法？”

犹豫不决必失败。(1分)

三思而后行。(4分)

很显然，你经常考虑问题比较谨慎，有时也会迅速地做出决定。每个人的情况不同，可能是3+2或者5+0，也可能是其他的组合。

请在以下范围内一一对应地选择你对以下项目的赋值。

最小————————————————————————————————最大

0　　　1　　　2　　　3　　　4　　　5

1. 当你遇到新朋友时，你

A. 说话的时间与聆听的时间相当。(　　)

B. 聆听的时间会比说话的时间多。(　　)

2. 下列哪一种是你的一般生活取向？

A. 只管做吧。(　　)

B. 找出多种不同选择。(　　)

3. 你喜欢自己的哪种性格？

A. 冷静而理性。(　　)

B. 热情而体谅。(　　)

4. 你擅长

A. 在有需要时，协调进行多项工作。(　　)

B. 专注在某一项工作上，直至把它完成为止。(　　)

5. 你参与社交聚会时，

A. 总是能认识新朋友。(　　)

B. 只跟几个亲密挚友待在一起。(　　)

6. 当你尝试了解某些事情时，一般会

A. 先了解细节。(　　)

B. 先了解整体情况，细节容后再谈。(　　)

7. 你对下列哪方面较感兴趣？

A. 知道别人的想法。(　　)

B. 知道别人的感受。(　　)

8. 你比较喜欢下列哪个工作？

A. 能让你迅速和即时做出反应的工作。（　　）

B. 能让你定出目标，然后逐步达成目标的工作。（　　）

9. 下列哪一种说法较适合你？

A. 当我与友人尽兴后，我会感到精力充沛，并会继续追求这种欢娱。（　　）

B. 当我与友人尽兴后，我会感到疲惫，觉得需要一些空间。（　　）

10. A. 我较有兴趣知道别人的经历，例如他们做过什么、认识什么人。（　　）

B. 我较有兴趣知道别人的计划和梦想，例如他们会往哪里去、憧憬什么。（　　）

11. A. 我擅长制订一些可行的计划。（　　）

B. 我擅长促成别人同意一些计划，并通力合作。（　　）

12. A. 我会突然尝试做某些事，看看会有什么事情发生。（　　）

B. 我尝试做任何事情前，都想事先知道可能有什么事情发生。（　　）

13. A. 我经常边说话边思考。（　　）

B. 我在说话前，通常会思考要说的话。（　　）

14. A. 四周的实际环境对我很重要，而且会影响我的感受。（　　）

B. 如果我喜欢所做的事情，气氛对我而言并不是那么重要。（　　）

15. A. 我喜欢分析，心思缜密。（　　）

B. 我对人感兴趣，关心他们所发生的事。（　　）

16. A. 即使已出计划，我也喜欢探讨其他新的方案。（　　）

B. 一旦制订计划，我便希望能依计行事。（　　）

17. A. 认识我的人，一般都知道什么对我来说是重要的。（　　）

B. 除了我感觉亲近的人，我不会对人说出什么对我来说是重要的。（　　）

18. A. 如果我喜欢某种活动，我会经常进行这种活动。（　　）

B. 我一旦熟悉某种活动后，便希望尝试其他新的活动。（　　）

19. A. 当我作决定的时候，我更多地考虑正、反两面的观点，并且会推理与质证。（　　）

B. 当我作决定的时候，我会更多地了解其他人的想法，并希望能够达成共识。（　　）

20. A. 当我专注做某件事情时，需要不时停下来休息。（　　）

B. 当我专注做某件事情时，不希望受到任何干扰。（　　）

21. A. 我独处太久，便会感到不安。（　　）

B. 若没有足够的独处时间，我便会感到烦躁不安。（　　）

22. A. 我对一些没有实际用途的意念不感兴趣。（　　）

B. 我喜欢意念本身，并享受想象意念的过程。（　　）

23. A. 当进行谈判时，我依靠自己的知识和技巧。（　　）

B. 当进行谈判时，我会拉拢其他人至同一阵线。（　　）

当你放假时，你多数会选择做什么？

24. A. 随遇而安，做当时想做的事。（　　）

B. 为想做的事情制订时间表。（　　）

25. A. 多花些时间与别人共度。（　　）

B. 多花些时间自己阅读、散步或者做白日梦。（　　）

26. A. 返回你喜欢的地方度假。（　　）

B. 选择前往一些你从未到达的地方。（　　）

27. A. 带着一些与工作或学校有关的事情。（　　）

B. 处理一些对你重要的人际关系。（　　）

28. A. 忘记平时发生的事情，专心享乐。（　　）

B. 想着假期过后要准备的事情。（　　）

29. A. 参观著名景点。（　　）

B. 花时间逛博物馆或去一些较为幽静的地方。（　　）

30. A. 在喜欢的餐厅用餐。（　　）

B. 尝试新的菜式。（　　）

下列哪个说法最能贴切形容你对自己的看法？

31. A. 别人认为我会公正处事，并且尊重他人。（　　）

B. 别人相信在他们有需要时，我会在他们身边。（　　）

32. A. 随机应变。（　　）

B. 按照计划行事。（　　）

33. A. 坦率。（　　）

B. 深沉。（　　）

34. A. 留意事实。（　　）

B. 注重事实。（　　）

35. A. 知识广博。（　　）

B. 善解人意。（　　）

36. A. 容易适应转变。(　　)

B. 处事井井有条。(　　)

37. A. 爽朗。(　　)

B. 沉稳。(　　)

38. A. 实事求是。(　　)

B. 富有想象力。(　　)

39. A. 喜欢询问实情。(　　)

B. 喜欢探索感受。(　　)

40. A. 不断接受新意见。(　　)

B. 着眼达成目标。(　　)

41. A. 率直。(　　)

B. 内敛。(　　)

42. A. 实事求是。(　　)

B. 具有远大目标。(　　)

43. A. 公正。(　　)

B. 宽容。(　　)

你会倾向哪一种?

44. A. 暂时放下不愉快的事情,直至有心情时才处理。(　　)

B. 及时处理不愉快的事情,务求把它们抛诸脑后。(　　)

45. A. 自己的工作被欣赏,即使你自己并不满意。(　　)

B. 创造一些有长远价值的东西,但不一定需要别人知道是你做的。(　　)

46. A. 在自己有兴趣的范畴,积累丰富的经验。(　　)

B. 有各式各样不同的经验。(　　)

哪一句较能表达你的看法?

47. A. 感情用事的人较容易犯错。(　　)

B. 逻辑思维会令人自以为是,因而容易犯错。(　　)

48. A. 犹豫不决必失败。(　　)

B. 三思而后行。(　　)

MBTI 性格类型测试问卷答题纸如下所示。

请回过头看一看您给每个问题所分配的分数,现在将这些分数如表 2-1 所示加在一起。

表 2-1　MBTI 职业性格测验表分数统计

题号	选项得分		题号	选项得分		题号	选项得分		题号	选项得分	
	A	B		A	B		A	B		A	B
1			2			3			4		
5			6			7			8		
9			10			11			12		
13			14			15			16		
17			18			19			20		
21			22			23			24		
25			26			27			28		
29			30			31			32		
33			34			35			36		
37			38			39			40		
41			42			43			44		
45			46			47			48		
总计											
	E	I		S	N		T	F		J	P

将每项总得分转移到各个空白处。也就是说，你们在维度 E 名下的总得分记在 E 上面的空白处，在维度 I 名下的总得分记在 I 上面的空白处，以此类推。

以上八个偏好两两成对，也就是说，E 和 I、S 和 N、T 和 F、J 和 P 各自是一对组合。在每一对组合中，比较该组合中的偏好的得分孰高孰低，高的那个就是您的优势类型。如果同分的话，选择后面的那一组，即 I、N、F、P。对四对组合都进行比较后，您会得到一个由四个字母组成的优势类型，如 ENFP、ISTJ 等，请把它写到下面的横线上。

问卷所揭示的优势类型是：________。

(二)MBTI 要点解析

MBTI 的性格类型维度解析。

MBTI 量表测量的 4 种维度代表 8 种相对的性格特点，它们代表的含义可以解释如下。

(1)内向型(I)与外向型(E)维度:代表从内心世界还是从外部世界获取能量。

I型:从内心世界获取能量,自省、安静且显得内向,通过思考形成自己的意见,更愿意用书面沟通,兴趣专一,当情境与事件对他们有重要意义时会采取主动,其他情况下显得被动,先思考,后行动。

E型:通过与人交往和行动中得到活力,关注外部环境,喜欢谈话,通过交谈形成自己的意见,好与人交往,善于表达,兴趣广泛,在工作中积极主动,先行动,后思考。

(2)感觉型(S)与直觉型(N)维度:代表获取信息的方式是凭感官还是凭直觉。

S型:用五官来获取信息,习惯于注意那些确实已出现的信息,观察细致,注意现实,能记住细节,经过详细的推理一步步得出结论,相信自己的经验。

N型:通过想象和感觉来获取信息,习惯注意整个事件的全貌与内在联系,忽略细节,善于看到新的可能性,靠直觉得出结论,相信自己的灵感。

(3)思考型(T)与情感型(F)维度:做决策的方式是依据逻辑还是依据价值观和情绪。

T型:做决策时会将自己从情境中分离出来,对事件的正反两方面进行客观分析,按照逻辑做出决定,目标是要找到一个能应用于所有相似情境的准则,擅长分析,运用因果推理,寻求一个合乎真理的客观标准,可能显得不近人情。

F型:做决定时会将自己带入情境并试图理解每个人的感受,然后根据自己的价值观做出判断,目标是创造和谐的氛围,使每一个人都能作为独特的个体被对待,善于体贴他人,感同身受,受个人价值观的引导,富于同情心,可能会显得心肠太软。

(4)判断型(J)与知觉型(P)维度:喜欢有组织的还是随意的生活。

J型:喜欢过一种井井有条的生活,按计划行事,注重事情的结果,喜欢组织和管理自己的生活,爱制订计划,喜欢把各种事情落实敲定,不喜欢计划变更带来的压力。

P型:喜欢过一种灵活自发的生活,更愿意理解和体验生活,而不是控制它,不愿被过于详细的计划束缚,适时改变方向,不喜欢把事情过早确定下来,以留有改变的各种可能性。

迈尔斯将测验表中的8个字母及其所代表的特征当成职业性格的组成部分或要素,根据性格类型的4个维度,以及每个维度的2种性格偏好,它们彼此构成了16种性格类型。16种性格类型的性格特征对应着不同的职业特点和职业领域(见表2-2)。但是目前还没有证据表明,16种性格类型的任何一种性格类型的个体,不能从事或完全不适应其性格对应职业领域外的其他工作。例如,性格内向型的个体也可以从事或适应咨询性质的工作。

表 2-2　16 种组合形式的性格类型解析

性格类型	性格特征	职业倾向
ISTJ	严肃认真，通情达理，重视承诺，值得信赖，能坚定不移地完成任务，工作缜密，对细节记忆出色，做事有次序、有条理；冷静的外表下很少有强烈表露的情绪反应，重视传统和忠诚	工商业、政府机构、金融银行业、技术领域、医务领域、行政管理等
ISFJ	友善、谨慎，有责任感，务实，做事贯彻始终，准确无误；替人着想，细心，关心别人的感受；有强烈的职业道德；有传统的价值观，十分保守、稳定；努力创造一个有秩序、和谐的人际环境，能在困难中与人相处，有强烈的情感体验但不喜欢表达	医护、服务业、教育等
INFJ	寻求思想、关系、物质之间的意义和联系，希望了解什么能够激励人；对于怎样更好地服务大众有清晰的远景；有洞察力，尽职尽责，能履行他们坚持的价值观；理念清晰，能有条理地去实现他们的理念	咨询服务、教学、艺术等
INTJ	精于理论，善于洞察外界事物的规律并形成长远计划；热衷于创造性地实现自己的想法，追求个人自由和能力，思维严谨；不受批评的干扰，坚持性强，独立，有批判精神，喜欢以自己的方式行事	科研、科技应用、技术咨询、管理咨询、金融、投资领域或创造性行业等
ISTP	平和寡言，容忍，有弹性，是冷静的观察者，当问题出现后便迅速行动，找出可行的解决办法；重视逻辑和前因后果，重视效率，好奇心强，善于观察，信服可靠的事实；能很好地利用资源，善于把握时机	技术、证券、金融、户外、运动、艺术等
ISFP	友善、敏感、灵活，很容易与人相处，忠于自己的价值观，忠于自己所重视的人，不喜欢争论和冲突，很少支配别人，很客观；善于观察周围的人和物，但不寻求发现其更深的动机和含义；在生活中需要和睦的人际关系	手工艺、艺术领域、医护领域、商业、心理保健和护理等
INFP	很少显露强烈的感情，沉默而冷静；理想主义者，忠于自己的价值观和所重视的人，能为自己看重的事业献身，忙于实现理想，坚定于自己的选择；好奇心强，思维开阔，能很快看到事情的可行与否，试图了解别人、协助别人发展潜能，避免冲突；没有兴趣支配别人	创作型行业、艺术类、教育、研究、咨询类等

续表

性格类型	性格特征	职业倾向
INTP	沉静，有弹性，善于分析，喜欢探寻理论上的合理解释，有非凡的能力去专注而深入地解决问题；追求精细，有独立见解，乐于为了改进事物的目前状况而思考，想法很复杂，有很好的逻辑性，善于解决问题	计算机技术、理论研究、学术领域、专业领域、创造性领域等
ESTP	灵活，忍耐力强；实际，注重结果，对理论和抽象的解释不感兴趣，重视行动，通过亲身感受来学习新事物；享受与他人相处	商业、贸易、服务业、熟练工种、娱乐、体育、执法者等
ESFP	外向、友善、热爱生活、擅长交际，常常是别人注意的中心，喜欢与人共事；在工作上讲究实用性和趣味性，容易接受新环境；对理念和概念上的解释感到不耐烦，希望以行动解决此时此刻的问题；喜欢通过实践来学习	健康护理、教学、教练、熟练工种、公共服务、消费类商业、旅游业等
ENFP	热情洋溢，有魅力，富有想象力，充满新思想；灵活，有很强的即兴发挥的能力；自信，也乐于欣赏和支持别人；关心他人的发展，喜欢和睦，保持一种广泛的人际关系；好奇，不墨守成规，常常发现新方法；善于从周围人当中获得能量，能把自己的才能与别人的力量成功地结合在一起	咨询服务、教学、艺术等
ENTP	思维敏捷，能激励他人，重视灵感，有想象力，试图把新想法转变成现实；乐于争论，能随机应变地应对有挑战性的问题；善于有策略地分析问题，善于洞察别人，人际交往时有感染力，朋友多；对日常的理性事务感到厌烦	投资顾问、项目策划、市场营销、创业、公共关系等
ESTJ	灵活、实际，注重结果，积极采取行动解决问题，能果断做出实际可行的决定；可以组织人员最有效率地完成工作，有一套清晰的逻辑标准，以强硬的态度执行计划	管理者、行政管理等
ESFJ	有责任感，喜欢合作完成任务，重视细节上的精确，讲究实际，安排有序；追求和谐的人际环境，能体察别人的所需并全力帮助，致力于创造友善的人际关系；希望得到他人的认可，对批评比较敏感	教育、健康护理、旅游业、社区服务等

续表

性格类型	性格特征	职业倾向
ENFJ	温情，反应敏捷，有同情心、有责任感，以热情的态度对待生活，对敬佩的人和事业非常忠诚；精力充沛，锲而不舍，善于发现别人的潜能，并帮助他们成长，能成为个人或群体成长和进步的催化剂	培训、教育、咨询、新闻传播、公共关系、文化艺术等
ENTJ	天生的领导力，果断，能系统地解决问题，善于制订长期计划和设定目标，把事实看得高于一切；渴望不断增加知识基础，乐于钻研复杂的理论性问题；能控制环境，有预见能力，并善于传播观点，陈述想法时坚定有力	领导者、管理者、政界、工商业、管理咨询、培训、专业领域等

三、如何完善职业性格——完善职业性格

很多人在利用 MBTI 测试自己的性格类型和适应的职业领域时会产生这样的疑惑，比如 ESFJ 性格类型的人，其适应的职业领域是教育、健康护理、旅游业、社区服务等，但是他毕业后想去企业工作，或是做一些自己的事业。那么，根据测试结果来看，他是否就不可以到企业工作，或开展自己的事业呢？当然不是，大学生不要让这样的困惑影响自己的学习状态，动摇自己的奋斗目标。

根据 MBTI 性格类型匹配的职业领域都是从大的职业类别描述的，大家通过 MBTI 测试自己适应的职业领域并了解自己的职业倾向时，不要陷入职业类别名称描述的限制，更重要的是看到这一职业类别的特点。例如，ESFJ 性格类型的同学，他适应的职业特点是“有责任感，喜欢合作完成任务，重视细节上的精确，致力于创造友善的人际关系”。企业工作需不需要这样的特质？这样的特质在工作中是否重要？回答是肯定的。同时，每个人还会受到现实因素的制约，现在或将来从事的职业不一定完全符合自己的性格特点。是不是从事与自己的性格倾向不相符的工作就不能获得成功呢？职业的成功除了受个人职业价值观、职业能力、职业兴趣的影响之外，个人后天的主观努力至关重要。

每个人都有自己的性格，每种性格都有其擅长的职业领域。性格类型没有对错，工作或人际关系上也没有更好或更坏的组合。知道自己的 MBTI 类型，是让自己更好地了解自己，更清晰地理解自己的行为特点，根据自己的特点学习知识、解决问题，同时理解

自己和周围同学、朋友的区别，并接受这种不同。懂得利用和经营自己的性格优势，整合周围的资源，才是学习职业性格的目的。任何性格测试都不能百分之百地还原人的真实个性。性格是很复杂的，测评工具只是一个提示和参考，帮助我们建立探索自我的意识。如果测试结果和自己的认知有偏差，说明我们发现了自己的性格中不易察觉的部分，也是进一步了解自己的机会。首先，我们尽可能地在综合利用评估测量表与持续的反思总结的基础上，去充分了解自己具有什么样的独特的性格特征；然后，需要了解具体的职业对人的性格有什么要求；最后，尽可能在职场中去发挥自己的性格优势。

任务二 兴趣认知

一、兴趣对职业生涯发展重要吗——兴趣与职业生涯发展

（一）兴趣的概念

丁俊晖从 8 岁开始打台球，18 岁获得英国锦标赛冠军时，打台球的时间已超过 1.75 万个小时；莫扎特在第一次写协奏曲之前，已经在父亲的指导下练习弹钢琴超过 6500 小时；爱迪生几乎每天都在他的实验室辛苦工作长达 18 个小时，但他丝毫不以此为苦。诸如此类的事例不胜枚举。在我们提升能力的道路上，难免会遇到重复、倦怠、挫折，高手们为什么能够抗得住这些重复和单调，原因就是兴趣。兴趣可以使人集中注意，产生愉快、紧张的心理状态。这对人的认识和活动会产生积极的影响，有利于提高工作的质量和效率。但是感兴趣并不一定代表能做得好，而做得好的事也不一定是感兴趣的。生活中总有一些人因为兴趣模糊或兴趣过于广泛而苦恼，他们想要知道怎样才能将自己的兴趣与职业结合起来实现自己的职业理想。那么，兴趣与能力、职业生涯之间到底有什么关系呢？

兴趣是指一个人经常倾向于认识、掌握某种事物，力求参与某项活动，并且有积极情绪的心理倾向。美国芝加哥大学心理学教授米哈里·契克森米哈赖花了 30 多年的研究成果表明，人们的满足感、幸福感往往来源于人们专心致志地、忘我地沉浸在某种活动中，而不是无所事事的享乐。他强调人们要做自己喜爱的事情才能获得幸福感，而这也

是工作的意义所在。所以，兴趣是推动个体行动的持久的内在驱动力，是提高工作满意度的重要因素。清楚地了解自己的兴趣所在，对于提高自我认识、选择更适合自身的职业，以及进行职业生涯规划都有非常重要的意义。

（二）兴趣与职业兴趣

兴趣与职业兴趣存在一定的差别，兴趣是人们力求认识和掌握某种事物，并渴望经常参与该种事物的心理倾向。兴趣的发展一般要经历 3 个阶段：有趣是兴趣发展的第一个阶段；乐趣是兴趣发展的第二个阶段；志趣是兴趣发展的第三个阶段。当乐趣同个人的社会责任感、奋斗目标结合起来的时候，乐趣就成了志趣。志趣是人们取得成就的根本动力。职业兴趣是兴趣的重要内容，指一个人力求了解某种职业或进行某种职业的心理倾向，表现为对某种职业的选择性态度或积极的情绪反应。人的兴趣有很多，是不是每种兴趣都可以转化为职业兴趣？是不是每种兴趣都可以找到与之相联系的职业和专业？实际生活中，兴趣和职业往往是交织在一起的。在寻找自己的理想职业时，可以将这些生活中的兴趣与职业选择进行关联去思考。兴趣也可以通过兼职、志愿活动和业余爱好等多种方式来实现。所以，兴趣能否发展成为职业兴趣，除了社会需求这个因素外，还取决于你有没有应对这份职业的能力。

（三）兴趣与职业生涯发展

兴趣对个体的个性形成和发展，以及对个体的职业生涯发展具有重要作用。请大家试想一下：如果让你每天都从事自己不喜欢的工作，你会有什么感受？烦躁、苦闷甚至会失去对工作的耐心和工作的动力，自然你也做不好工作。兴趣是职业生涯选择和发展的重要依据，主要体现在以下 3 个方面。

(1)兴趣是发展生涯之路的最稳定的动力。兴趣对个人职业选择的影响显而易见。很多时候，对即将从事的工作是否感兴趣，是人们择业时首要的考虑因素。兴趣可以使人集中精力去获得自己所喜欢的职业知识，启迪智慧并创造性地开展工作。当兴趣与职业需求高度契合时，人们会坚定地追求这份职业，克服重重困难，并为之不懈奋斗。

(2)兴趣与一个人的能力有紧密的促进关系。在个体感兴趣的方向上，容易培养出个人更擅长的能力。有资料显示，如果一个人对某一项工作感兴趣，他就能发挥全部才能的 80％～90％，并能较长时间保持高效率的工作状态，往往得以培养更强的能力。但是兴趣并不等同于能力，兴趣测评的分数也不代表能力的高低。有较强能力的人在从事自己热爱的事情时会更加得心应手，因此也会增加对这些事情的兴趣，从而形成良性循环。

(3)兴趣是保证工作满意度和职业生涯发展的重要因素。兴趣是一个人职业生涯适应的一个基本方面,它可以为职业生涯选择提供有效的信息。如果我们所从事的事情是自己喜欢的,那我们的工作和生活都会愉快得多,也在工作中能获得更多的满足感。从事自己感兴趣的职业不但让自己感到满意,而且能够让你的工作单位感到满意,并由此带来职业生涯发展的长期性和稳定性。因此,在选择长期、稳定的职业生涯时,个体既要考虑自己的能力又要结合自己的兴趣,才更有可能规划好职业生涯并取得职业生涯的成功。

二、我喜欢做什么——霍兰德的职业兴趣理论

职业生涯发展领域的专家把兴趣当做职业选择的一个重要参考部分,用以帮助人们弄清自己喜欢什么、不喜欢什么。20 世纪 70 年代初,美国心理学家约翰·霍兰德在帕森斯的特质因素论的基础上,提出了职业兴趣理论。霍兰德认为人格类型、兴趣与职业密切相关,某一类型的职业通常会吸引具有相同人格特质的人,而具有相同人格特质的人对许多生活事件的反映模式也是相似的。他们创造了具有某一特色的生活环境,也包括工作环境。在这种思想的基础上,霍兰德归纳了人的 6 种人格类型。这种分类是职业上的反映,因此也可以理解为职业兴趣类型。另外,霍兰德还对职业环境类型与人格类型相同的模式进行研究和分析,对职业环境的类型采用了与人格类型相同的名称。他还认为人格被认为是兴趣、价值观、需要、技能、信念、态度和学习风格的综合体现。而就职业选择而言,兴趣是人格中最重要的部分,是将人与职业进行匹配的依据。

(一)霍兰德职业兴趣理论

霍兰德提出了一个用于比较不同领域的兴趣的六边模型如图 2-1 和表 2-3 所示,最终用来进行人与职业的匹配。

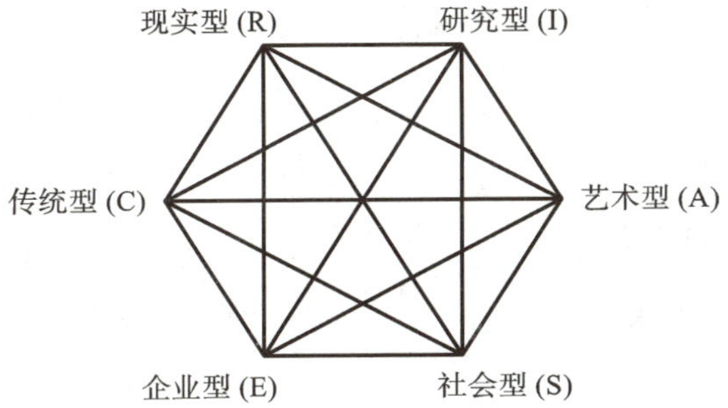

图 2-1 霍兰德六边形模型

表 2-3 RIASEC 人格类型说

特性	人格类型					
	现实型(R)	研究型(I)	艺术型(A)	社会型(S)	企业型(E)	传统型(C)
偏好的活动和职业	操作机器、工具以及具体事物	探索、理解、预测和控制自然及社会现象	文学、音乐或艺术性活动	助人、教学、治疗、咨询，通过人际交往服务他人	说服、操纵、指导他人	建立或保持日常秩序，按标准行事
价值观	对有形的成就的物质回报	知识的获得与发展	思想、情绪或情感的创造性表达	增进他人的福祉，社会服务	物质成就和社会地位	物质或经济成就，在社会、商业和政治领域获得权力
对自己的看法	实干的、保守的，具备动手能力和机械技能；缺乏人际交往技能	善于分析，聪慧，有怀疑精神，有学术能力；缺乏人际交往技能	对经验保持开放，创新、聪慧；缺少文书或办公技能	富有同情心，有耐心，有人际交往技能；缺乏机械操作能力	具有销售、说服的能力；缺乏科学能力	拥有商业或制造业的技术性技能；缺乏艺术才能
他人的看法	普通的，坦率的	不善社交的，有知识的	非传统的，无序的，有创造力的	善于照顾人的，宜人的，外向的	精力充沛的，爱交际的	小心谨慎的，顺从的
避免	与人交往	说服或销售活动	例行公事，遵从现有的规则	机械操作或技术活动	科学性的，知识性的，深奥的话题	模棱两可的，非结构化的任务

霍兰德指出，具有不同特质的人，最适合从事与其特质对应的职业，由此获得的职业满意度、职业稳定性与职业成就感也最高。在此基础上，霍兰德职业兴趣理论把人的个体特质、适宜职业的特点和匹配度较高的典型职业进行了整理和归纳，如表 2-4 所示。

表 2-4　RIASEC 环境类型说

特性	环境类型					
	现实型(R)	研究型(I)	艺术型(A)	社会型(S)	企业型(E)	传统型(C)
要求	动手能力、操作机械能力，与机器、工具和物体打交道	分析能力、技术能力、科学与语言能力	创新或创造能力，通过情感性表达与他人互动	人际交往能力，指导、训练、治疗和教育他人的能力	说服、操纵他人的能力	具有文书技能，具备按照精确的标准完成任务的技能
所要求并因此获得报偿的行为、表现	遵从性的行为，实践操作上的成果	怀疑注意，在问题解决上的坚持性，用文献证实新知识，理解和解决难题	文学、绘画、音乐创作上的想象力	具有同情心、人道主义精神，和蔼可亲、友善	主动追求经济、物质成就；主导性、自信	组织能力，遵从，可靠
可以表达的价值观或个人风格	实践的、生产性的实用主义价值观；坚定、大胆，喜欢冒险的风格	通过学术研究获得知识	非传统的观念、方式，审美性价值观	关心他人的福祉	盈利或权力导向，责任感	传统的观点；看中秩序与常规
所包含的职业和环境	具体的实践活动；实用机器、工具和物质材料	以解决难题、创造和使用知识为目的的分析、智力活动	音乐、写作、表演上的创造性工作，或是非结构性的智力探索工作	以帮助或促进的方式同他人开展工作	销售、领导和操控他人以达到个人或组织的目标	与具体事务、数字或机器打交道，以达到可预见的组织要求或特定标准

续表

特性	环境类型					
	现实型(R)	研究型(I)	艺术型(A)	社会型(S)	企业型(E)	传统型(C)
职业举例	木匠、货车司机	心理学家、微生物学家	音乐家、室内设计师	咨询师、牧师	律师、零售店经理	编辑、图书管理员

(二)霍兰德职业兴趣要点解读

(1)职业选择是人格的一种表现,某一类型的职业通常会吸引具有相同人格特质的人,这种人格特质反映在职业上就是职业兴趣。大多数人的职业兴趣都可以被归为6种RIASEC类型:现实型(R)、研究型(I)、艺术型(A)、社会型(S)、企业型(E)和传统型(C)。与之相应,也存在6种RIASEC环境:现实型、研究型、艺术型、社会型、企业型和传统型。

(2)个人的职业兴趣往往是多方面的,很少只是集中在某一种类型上。大家可能或多或少地具备所有6种兴趣,只是偏好程度不同。

(3)个人兴趣和职业环境之间的适配将增加个人的工作满意度、职业稳定性和职业成就感。因此,占主导地位的兴趣类型可以为个人选择职业和工作环境提供方向。个人可以通过霍兰德兴趣类型分析来了解自己的兴趣构成,并根据它来探索及理解工作世界。

(4)在职业选择上寻求个人兴趣与职业环境之间的适配时,"完全的"适配只是不断接近的一个理想目标。现实中做不到百分之百地适配,但不必因此而放弃对个人兴趣的重视。表2-4中的职业举例并不是你一定要去从事的职业,而是指这种职业具备这样的特质。世界上的职业类别多样,具备这种特质的职业也有很多。所以,霍兰德兴趣理论评估结果只是告知你从事的职业,需要你具备这样的特质。如果不具备这样的特质,你的职业成就感就较低。

三、如何培养职业兴趣——培养职业兴趣

通过前面的学习,我们已经了解到了职业兴趣的重要性,除了应用霍兰德职业兴趣理论帮助我们了解自己的职业兴趣,还可以借助一些兴趣测试量表进一步探索。在选择职业的时候,有必要把职业兴趣作为一项重要的因素考虑进去。在职业生涯发展的过程中,我们也不能片面地强调兴趣的意义,不能将兴趣作为"跳槽"的借口,更不能将"没有兴趣"的心态带到正在从事的工作中去,更需要知道自己对哪类工作感兴趣,尽可能做到

工作和个人兴趣的适度统一。在培养和探索个人的职业兴趣时，我们可以从以下两个方面去考虑。

（一）考虑职业兴趣和其他因素的相互作用

一个人的兴趣、能力、性格和价值观等因素是交互发生作用的，如对某件事有兴趣可以促使做这件事的能力越来越强，反过来又激发了更浓厚的兴趣。在现实生活中，有人因为对所从事的工作的专业技能或行业不感兴趣，导致人们的工作热情和动力不足；或者在自己感兴趣的领域又缺乏专业技能才产生很多的困扰。我们需要确认的是寻找工作不再只是为了谋生，还有更深层的哲学价值，揭示出一个人以什么样的方式存在着，是否发挥出了最大的心理能量和活力。我们应该尽量将兴趣融入工作中，寻找兴趣和所从事的工作特质的结合点。即使因为某些因素未匹配到合适的职业，也可以偏重其中一个职业兴趣来作为职业生涯发展的方向，而将另外的类型作为生活中的爱好来平衡，或是在工作中发展出个人的特性。

（二）坚持职业兴趣探索以适应快速变化的现代社会

兴趣的探索并不是一劳永逸的，需要不断、反复、深入地去探寻。在这个正在兴起的全球化经济浪潮中，全球化、网络化使得教育和工作上的各种合作成为可能，全球化经济更需要具备语言技能、多元化文化体验的人。传统的工作方式也在逐渐被改变，新型的职业越来越多地表现为多学科、专业化和国际化。那么什么样的兴趣才是最有意义的？我们可以根据自己独特的生涯发展的目标来综合考虑。鉴于全球化经济的社会背景，霍兰德的社会型、企业型、研究型和艺术型的人际技能对团队和领导能力至关重要，将会受到高度重视。适应性、灵活性、妥协性和个人成长都将是最可能在新全球化经济中获得回报的个人特质。所以，不断探索新的兴趣、发展新技能对寻找工作有很重要的意义。

任务三　价值观认知

一、价值观对职业生涯发展重要吗——价值观与职业生涯发展

价值观在个人的有效生涯规划中的作用不容小觑。研究表明，个人对自身价值观越

明确，生涯规划的过程就越容易。即我们更应该关注“需要做什么？”而不是“想做什么？”我国杰出的教育家黄炎培先生在《职业教育之礁》中谈到：“人生必须服务，求学非以自娱。诸君须知，职业平等，无高下，无贵贱。苟有益于人群，皆是无上上品，诸君既知，人不可无业矣。更当知任何职业，必须积小为大，先轻后重。吾敢断言，今之当大任者，即昔日服微末之务而不以为小者也。吾更敢断言，今之不屑服微末之务者，即他日并微末之务而不得者也。”他认为必须重视对学生价值观的塑造，促进其精神成长，使其爱岗敬业、无私奉献，以人格统领能力，真正做到“爱国不废求学，求学不忘爱国。”

有的人认为价值观是一种理想追求与工作无关；有的人则认为价值观必须建立在物质基础上才是有意义和有价值的。价值观是什么？价值观对我们来说究竟具有什么指导意义？价值观是个人判断事物对错、好坏的标准，对个体动机起导向作用。只有那些经过价值判断并被认可的价值观，才能转换为具体的动机，并以此为目标引导人们的行为。为什么有的人在旁人羡慕的职位上做得好好的，却要跳槽或辞职，其实这就是价值观在起作用。似乎每个人都渴望并追求名利场中的金钱、声望、地位、尊严、权力、爱情等，但似乎又不尽相同。在追逐目标的过程中，有的人因为选择了其中的一些重要的目标而放弃他认为不重要的，还有的人一直在苦苦追寻一种自认为超凡脱俗的境界。到底什么样的选择才是正确的？什么样的做法是值得的？其实，值不值得的关键在于个人的价值观。

(一)价值观的概念

价值观是指一个人对周围的客观事物(包括人、事、物)的意义、重要性的总评价和总看法，是我们在生活和工作中所看重的原则、标准和品质。简单地说，价值观就是一个过滤器，它决定了什么对你是最重要的，什么对你是有意义的，什么对你是有价值的。价值观相对稳定，但也会随着人生阅历和人们认知能力的变化而发生变化。价值观支配着人的行为、态度、观察、选择、信念等，也支配着人们认识世界、明确事物对自己的意义和自我了解、自我规划等。价值观是生活中最重要也是最应该优先考虑的，它决定了人们如何做出选择，认清生活中最重要最有意义的是什么。

(二)价值观与职业价值观

价值观反映人们对周围客观事物的重要性的评价和看法。个人的价值观体现在工作和生活中的每件小事中，价值观的探索意义在于帮助我们澄清什么对我们最重要，让我们体会到什么让我们的生命更有意义。职业生涯大师舒伯认为，职业价值观是个人追求的与工作有关的目标，即个人的内在需求及在从事活动时所追求的工作特质或属性。他总结了常见的职业价值观：利他主义、美的追求、创造力、成就感、工作环境、声望地位、经济报酬、上下级关系等。对你来说，你最看重的职业价值观是什么呢？我们在逐渐澄清自己的职业价值观的过程中，更重要的是要关注你的自由选择有没有来自外在的压力？你有没有预想选择后的结果？你为你的选择而感到高兴吗？其实职业价值观就是指无论你从事什么职业，都会努力在职业中追求的东西。职业价值观是社会现象的反映，也必然会随着社会的变化而变化，折射出时代的变迁。同时，随着个体的人生经验的不断积累和个体知识的不断丰富，人们的职业价值观也会随之发生改变。因此，职业价值观具有因人而异、自主化、取向多元化、相对稳定、阶段性等特点。

（三）价值观与职业生涯发展

价值观是我们在生活和工作中所看重的原则、标准或品质，它是个体行为背后的深层动机，对个体的职业选择和发展起到重要的激励、影响作用。现代社会的职业模式正在发生重大变化，传统单一的、一成不变的职业模式正在受到冲击，出现了越来越多的多样化的、凸显个人选择的职业模式。价值观在多种职业选择面前扮演重要的决策角色，它引导个体朝向自己认同的发展方向。价值观对职业行为的影响非常明显，一个热心善良的人愿意从事社工或公益性质较强但收入不高的工作，但一个追求高薪酬的人则会把薪水高低作为找工作的重要标准。在职业生涯发展过程中，任何一项决策背后都有价值观的指引，如果人们不确定自己的价值观，将无法做出有利于生涯发展的决策。同时，由于生涯发展的阶段不同，所处的家庭环境和社会环境不同，个人的需求和评价标准也会发生改变，从而导致价值观的变化。

二、我工作的动力是什么——职业价值观

（一）施恩职业锚量表

什么是职业锚？美国著名职业指导专家施恩在 1987 年提出，从斯隆管理学院毕业生的职业生涯纵向研究中发展而来。职业锚量表是一种职业生涯规划咨询、自我了解的工具，能够协助组织或个人进行更理想的职业生涯发展规划。锚，是使船只停泊定位用的铁制器具。职业锚，是指当一个人不得不做出选择的时候，无论如何他都不会放弃职业中的那种至关重要的东西或价值观。职业锚的本质是核心的职业价值观。一个人一

旦找到了自己的职业锚，他就会实现从职业阶段向事业阶段的发展。

职业锚也是自我意向的一个习得部分。个人进入早期工作情境后，由习得的实际工作经验所决定，与在经验中自省的动机、价值观、才干相符合，达到自我满足和补偿的一种稳定的职业定位。职业锚强调个人能力、动机和价值观三方面的相互作用与整合。职业锚是个人同工作环境互动作用的产物，在实际工作中是不断调整的。

第一部分　答卷说明

1. 请您按个人的情况快速如实作答。

2. 施恩职业锚量表共有 40 条陈述，每一条陈述均有 6 个评分选项，依照层次高低排列。请按照您的实际情况，选择适当的评分选项，如表 2-5 所示。

表 2-5　施恩职业锚量表

打分	自我陈述
	1. 我希望我能做好自己的工作，以便保持自己的专业地位
	2. 当我能统筹、驾控他人的工作时，我感到很满足
	3. 我很希望我的职业能允许我自定步调，按自己的方式来工作
	4. 比起自由度和自主性，工作是否稳定且有保障对我来说更重要
	5. 我一直在寻求新的想法，以开创自己的事业
	6. 只有当我的确造福于他人与社会时，我才会感到事业成功
	7. 我希望在工作中能不断解决新问题，尤其是挑战性的问题
	8. 我宁愿离开公司，也不愿牺牲个人与家人利益，而屈就不适合我的工作
	9. 只有我的专业地位和能力提高到相当的水平时，我才会有成就感
	10. 我希望能领导一个大型的组织，作出影响广泛的决策
	11. 只有我能自由地决定自己的工作内容、时间和进度时，我才感到最满足
	12. 我宁愿离开公司，也不愿意接受一份没有保障的工作
	13. 比起在别人的公司获取一个高层管理职位，我更倾向于经营自己的事业
	14. 只有运用自己的才干帮助他人时，我才感到最满足
	15. 只有不断克服难题或挑战，我才有成就感
	16. 我一直在寻找一种能协调个人兴趣、家庭生活的职业
	17. 我更倾向于做一个专家型的高级业务经理，而不是一位总经理
	18. 只有成为总经理或组织的最高领导人时，我才觉得自己成功了
	19. 对我来说，只有获得完全的自主和自由，我才算事业成功

续表

打分	自我陈述
	20. 我向往的是就业与收入长期稳定的就业机构
	21. 当我能够完全依靠自己独到的思想和辛劳创造一些新东西时，我感到最满足
	22. 更能吸引我的不是高层管理职位，而是我努力为他人造就的幸福
	23. 我最满足的时候往往是自己解决了极具挑战的难题或屡经周折后的成功
	24. 我认为个人、家庭和事业三者之间达到了一种平衡才是一种真正的成功
	25. 我宁愿离开公司，也不愿意转到一份与我的专业不相干的岗位上去
	26. 比起任何一种专业性的高级业务经理，总经理的职位对我更具吸引力
	27. 哪怕冒着风险，我也宁愿以自己的方式、不受组织约束地工作
	28. 当我的经济收入和工作状况都很稳定而有保障时，我才感到成功
	29. 靠自己的思想和努力成功地创造出自己的产品时，我感到最满足
	30. 我一直在关注着如何最有效地帮助别人，造福社会
	31. 我一直在寻找能够解决难题、迎接挑战的机会
	32. 我宁愿放弃管理层职位，也不愿意因应付工作而牺牲个人业余生活时间
	33. 当我能在工作中发挥自己的业务专长时，我的满足感、成就感最大
	34. 哪怕失业在家，我也不愿接受一份跟管理不相干的职业
	35. 我宁愿没有工作，也不愿接受一份限制个人自主和自由的职业
	36. 我向往一份能带给我安全感、能维持长期稳定的工作
	37. 我渴望开创、发展自己的事业
	38. 我宁愿放弃工作，也不愿接受一份与助人无关的工作
	39. 对我来说，比起高层管理职位，解决高难度问题的吸引力会更大
	40. 我一直在试图消解工作与个人爱好、家庭生活之间的冲突

1. 完全不符；2. 很少符合；3. 少数时候符合；4. 多数时候符合；5. 基本符合；6. 完全符合。

第二部分　评分指导

1. 浏览你的全部答案，记录所有打 6 分的题目。

2. 从打 6 分的题目中，挑选三项最切实的，每一项目都分别另加 4 分。

3. 如表 2-6 所示，把每题的得分分别记录在题号对应的方格中，并记录每一职业锚的得分。

表 2-6 职业锚得分表

	技术/专业		管理		自主		安全/稳定		创造		服务/助人		挑战		生活	
题号	1		2		3		4		5		6		7		8	
	9		10		11		12		13		14		15		16	
	17		18		19		20		21		22		23		24	
	25		26		27		28		29		30		31		32	
	33		34		35		36		37		38		39		40	
合计																

施恩的职业锚解释如下。

1. 自主/独立。

这个锚主要是指为了追求专业或技术上的能力而希望摆脱组织的限制，不受组织约束，组织的生活一旦干涉了个人的生活，就会使个人的生活受到了限制。

这种定位的人追求自主和独立，不愿意接受别人的约束，也不愿受程序、工作时间、着装方式以及在任何组织中都不可避免的标准规范的制约。无论是什么样的工作，他们希望能用自己的方式、工作习惯、时间进度和自己的标准来完成工作。

2. 安全/稳定。

职业锚对于追求安稳的这类人，多按照雇主的要求行事，以此来维持稳定的工作，以及一份稳定的收入和一个福利好、有周全的退休安排的稳定将来。对其他人而言，这类人更容易接受组织上对其工作上的安排，并更容易相信组织对他们的安排是正确的。

安全与稳定是这种类型的人选择职业最基本、最重要的需求。他们需要“把握自己的发展”，只有在职业的发展可以预测、可以达到或实现的时候他们才会真正感觉放松。

3. 生活方式。

这类人希望将个人因素和家庭因素纳入其择业的考虑范围内。他们寻求工作、休闲与社会生活之间的平衡。职业锚是生活方式的这类人同样也很看重自主性，在很多情况下也很重视独立性。这种定位的人能够平衡并结合个人的需要、家庭的需要和职业的需要。他们希望将生活的各个主要方面整合为一个整体。正因为如此，他们需要一个能够提供足够的弹性让他们实现这一目标的职业环境，甚至可以牺牲他们职业的一些方面。他们将成功定义得比职业成功更广泛。他们认为自己如何生活、在哪里居住，以及如何处理家庭事务等方面处理得当都是一种成功。

4. 技术/专业。

这一区域中，主要关心的是工作中真正的技术性或功能性的部分。属于这一群体的人，他们的自我形象与他们在其专业领域的能力情况紧密相关，因此，他们对管理工作本身不感兴趣，虽然他们也会在自己的专业技术领域接受管理职责。但是，工作本身才是吸引他们的地方，对他们来说，职业发展仅仅指的是在工作领域内的进步提升。

5. 管理能力。

这个锚是三种能力的综合。

分析能力：在信息不足、充满不确定性因素的情况下，识别、分析和解决问题的能力。

人际交往能力：在组织的所有管理层面，影响、监督和领导他人，以取得更好的组织绩效的能力。

情商：能将情感危机和人际危机向积极方向转化，而不是被其困扰挫败的能力，能自如地承受高强度的职责压力，自如地运用自己的权利。

这种定位的人对管理本身具有很大的兴趣，具有成为管理人员的强烈愿望，并将此看成职业进步的标准。他们有提升到全面管理职位上所需要的相关能力，并希望自己的职位不断得到提升，这样他们可以承担更大的责任，并能够做出影响成功或失败的决策。

6. 创业。

这个锚的特点是有建造或是创造完全属于自己的产品的需要。职业锚指向这点的人无法在其他各种锚中找到与他们的动机和价值观完全匹配的锚，但又在不同程度上有与这些锚交叉的地方。例如，自主、管理能力、运用专才的自由以及为生活的稳定积累财富的需求。这种定位的人，最重要的是建立或设计某种完全属于自己的东西；建立或投资新的公司，收购其他的公司，并按照自己的意愿进行改造。创造并不仅仅是发明家或艺术家所做的事，创业者也需要创造的激情和动力。他们有强烈的冲动向别人证明：通过自己的努力能够创建新的企业、产品或服务，并使之发展下去。在经济上获得成功后，赚钱便成为他们衡量成功的标准。

7. 服务/助人。

这个群体里面的人不仅需要有不错的收入，还需要能在较大范围内做出有意义的事情。他们积极以服务他人为导向，对能提供问题解决方式的工作非常感兴趣，如生命安全、人口过剩、贫富差距、环境等问题。这种定位的人希望职业能够体现个人价值，他们关注工作带来的价值，而不在意是否能发挥自己的才能和能力。他们的职业决策通常基于能否让世界变得更加美好。

8. 挑战。

这类人把攻克不可能解决的障碍、解决难以解决的难题、超过竞争对手作为其事业成功的标准。

这种定位的人认为他们可以征服任何事情或任何人，并将成功定义为“克服不可能障碍，解决不可能解决的或战胜非常强硬的对手”。随着自己的进步，他们喜欢寻找越来越强硬的挑战，希望在工作中面临越来越艰巨的任务。

（二）马斯洛需求层次论

黄天中，现任美国库克大学副校长兼中国项目合作负责人，美国库克大学生涯规划导论和体验教育实践教授。他在《生涯体验：生涯发展与规划》中将马斯洛需求层次论与职业领域的价值论结合在一起，这对于我们探索个人的职业生涯发展具有一定的参考意义。他的观点如下。

第一个层次是生存需求，即对食物、水分、空气、睡眠、性的需求等。它们在人的需要中最重要，也最有力量，对应到求职过程即找到工作。在这一级的层次中，我们考虑的仅是找到工作。虽然任何职业都是平等的，找到工作并不难，但在找到工作初期，最重要的就是生存阶段，如果一开始就想要高薪、轻松的工作，这样的就业理念是难以找到工作的。

第二个层次是安全需求。人们需要职业提供稳定、劳动安全、劳动受到保护、能免除恐惧和焦虑等方面。这是人类要求保障自身安全、避免职业病的侵袭等方面的需求。现实生活中的人都会产生安全感的欲望、自由的欲望，而且安全需求比生理需求高一级。

第三个层次是归属与爱的需求。这一层次的需要包括两个方面的内容：一是友爱的需要，即人人都需要伙伴之间、同事之间的关系融洽或保持友谊和忠诚；二是归属的需要，即人人都有一种归属于一个群体的感情，希望成为群体中的一员，并相互关心和照顾。在职业领域，归属与爱的需求主要表现在我们是否喜爱这份工作，以及对工作的集体是否有归属感。有很多公司都提倡“家文化”，即关爱员工就像关爱自己的家人。在一个集体中如果有了归属感，那么跳槽、变换工作的可能性就大大减少了。如果这些需求得不到满足，就会影响人们工作的状态，导致低生产率、对工作不满等情绪问题。

第四个层次是尊重的需求。人人都希望自己有稳定的社会地位，要求个人的能力和成就得到社会的承认，尊重的需要又可分为内部尊重和外部尊重。内部尊重是指一个人希望在各种不同情境中有实力、能胜任、充满信心、能独立自主。外部尊重是指一个人希望有地位，有威信，受到别人的尊重、信赖和高度评价。在职业领域内，尊重的需求得到满足，能使人对自己充满信心，对社会产生满腔热情，对工作也会产生推动力。

第五个层次是自我实现的需求。这是最高层次的需要，它是指实现个人理想、抱负，最大限度地发挥个人的能力或潜力，完成与自己的能力相称的一切事情的需要。达到自我实现境界的人，既能接受自己也能接受他人，解决问题的能力较强，自觉性极高，善于独立处事。在职业领域主要表现在人们正在做他们喜欢的事，也在过他们想要的生活，既善待了自己，也帮助了他人，还有益于社会。

（三）职业价值观理论要点解读

（1）在自我分析解读过程中，可以将施恩职业锚理论与马斯洛需求层次论结合一起解读，或者集合其他学者的职业价值观理论解读，这样更有益于了解自己的价值体系。

（2）价值观就像航海途中灯塔上的指路明灯，也是个人在做选择时的准则，一般不会发生变化，除非遇到重大变故或者重大事件。

（3）对自己的职业价值观越清楚，职业生涯发展的过程就越容易。同时，借助职业价值观的理论知识和量表检测可以帮助人们区分价值观的优先次序。

（4）职业和工作并不能满足人们所有的重要价值观，在生涯决策中，个体的价值观体系，即个体的各个重要价值观之间的相容与和谐程度，与个体最看重的价值观同样重要。

三、如何树立正确的职业价值观——树立职业价值观

每种职业都有各自的特性，不同的人对职业意义和职业好坏有不同的评价和取向，这就是职业价值观的体现。“鱼与熊掌不可兼得”，古人的智慧用在职业生涯发展上也是非常有效的。何为鱼？何为熊掌？决定保留什么舍弃什么？每个人的选择不一样，决定了我们选择的职业不一样，也决定了我们在职业过程中努力的程度也不一样。选择积极向上的价值观，我们就会以乐观的态度、饱满的热情投入工作中，在平凡的岗位上做出不平凡的业绩。如果价值观不正确，那么人就会消极、懈怠，也会给自己的生活和工作带来消极的影响。如果价值观太多，甚至都分不清楚哪些价值观是自己的，哪些价值观是他人的，就没办法独立地进行决策。树立正确的职业价值观可以从以下几个方面进行参考。

（一）处理好职业价值观与金钱的关系

大学生的职业价值取向越来越表现出多元化的趋势，在这个过程中我们更需要处理好职业价值观与金钱的关系，它是在确定职业价值观时首先要面对的问题。有些经济条件不太好的大学毕业生在求职时，将金钱作为首选价值观，从根本上讲这并未有错。但部分大学生过分着眼于薪酬待遇、充足的空余时间和休闲的生活就太过于片面了。

(二)重视职业价值观中的发展因素

我国张再生教授认为,职业价值观中的主要因素可以分为3类:发展因素(兴趣爱好、机会均等、公平竞争、晋升机会多、专业对口等)、保健因素(工资高、福利好、保险全、职业稳定、工作环境舒适等)、声望因素(单位知名度、单位规模和行政级别等)。从当前的实际情况来看,对于初入职场的工作者和大学生来说,他们越来越重视发展因素对职业的影响。

(三)处理好职业价值观中个人与社会的关系

对于价值观,重要的不是去评价它的对错,而是考虑它给自己的生活和职业发展带来的影响,并适时做出调整。人们需要认识到:很少有工作能够完全满足一个人所有的重要价值观。同时,人不能离开社会而独立存在,个人只有在工作中为社会做贡献才能实现自己的职业价值。当然我们并不是说要忽略择业中的个人因素,只去尽社会责任,这样不但不利于个人,也是社会的损失。

(四)处理好淡泊名利与追逐名利的关系

名利是人的欲望使然,欲望可以使人成就大的事业,也可使人自我毁灭。合理、合法、公正、公平的方式追逐名利,可以激发人们前进的动力,所谓君子爱财,取之有道。但在现实的生活中,有些人为了所谓的财富和名利不择手段,通过不正当的途径去获得这些他所希望得到的。这样的行为不但扰乱了人们的正常生活秩序,还对社会造成了不良影响。让名者名归之,让利者利归之。树立正确的名利观才能助力我们在职业生涯发展过程的良性循环。

任务四　能力认知

一、能力对职业生涯发展重要吗——能力与职业生涯发展

能力是就业的前提条件,如果没有足以胜任某项工作的能力和素质,人们就无法完

成该职位的工作。能力往往与个体的性格和成长经历密切相关，难以通过短期的培养和学习得到提升。因此，尽早确定职业生涯目标，个体就有更多的时间根据自己的职业生涯目标有意识地培养自己的能力。总之，我们既要根据自己的能力水平选择合适的职业，也要根据自己的职业生涯发展主动提升自己的能力。

大学生的综合能力一般强于同龄的其他年轻人，整体上处于较高的水平，但是整体较高的能力水平并不代表每个方面的能力都较强。例如，有的人语言能力强，善于表达，但社交能力较弱；有的人社交能力强，人际关系好，但组织管理能力不尽如人意；有的人组织管理能力强，但语言能力和社交能力并不让人满意。因此，大学生要正视自身能力的差异性。更重要的是，大学生要学会分析自身的能力结构，确定和培养自身的能力优势。在条件允许的情况下，大学生可以请专业职业指导人员帮助分析，根据个人的学历状况、职业资格、职业规划等来确定自己的职业能力及能力优势，必要时可以将职业测试作为参考，在基本确定职业能力及能力优势的基础上来进行职业生涯的选择。

（一）能力的概念

能力是人们解决问题的个性心理特征，是完成任务或达到目标的必备条件。每个人从婴儿到成年人已经积累了许多的能力，这些能力需要我们识别出来并梳理清晰。人的能力类型是有差异的，因为人本身就存在差异，还存在着个体能力发展早晚的差异等。而事业有成的人多数具备良好的能力，如“杂交水稻之父”袁隆平院士、气象学家竺可桢等，他们都有不同于一般人的观察能力、分析问题和解决问题的能力等。对求职者而言，怎样发现和培养自己的能力，提高自己的技能和职业能力显得尤为重要。

（二）能力、技能与职业能力

能力来源于先天和后天，可以分为两类：一种叫做能力倾向，是来源于先天的能力，也叫天赋；一种是后天通过学习得来的能力，称为技能，如阅读能力和表达能力等。

能力不同于技能。技能是通过后天的学习和练习获得的能力，通常表现为某种动作方式和动作系统。通常可以把技能分为三种类型：专业知识技能、自我管理技能和可迁移技能。专业知识技能就是你所掌握的理论知识，如经济、法律、英文、计算机等。自我管理技能包含一个人如何运用自己的专业知识、以什么样的态度从事工作、用什么方法解决困难等特征，主要是指一些个人特质。自我管理技能通常用形容词或副词来表达，如积极地、勤奋地、敬业地、精力充沛地等。可迁移技能也被称为通用技能，是指在某一种环境中获得的并可以有效地移用到其他环境中的技能。一般用行为动词来描述可迁移技能，如沟通、组织、计划、决策、调查和操作等。把三种技能融合在一起，就是对技能进行描述的一种较好地方式，如流利地使用英文、熟练地操作计算机、认真地完成试验等。技能是具体的工具和行为，推动我们实现个人价值，做自己喜欢的事。

职业能力是人们从事其职业的多种能力的综合。职业能力可以定义为个体将所学的知识、技能和态度在特定的职业情景中整合的能完成一定职业任务的能力。例如，一位建筑设计师只具有绘图能力是不够的，不仅要有较强的表达能力和沟通能力，还应具备基本的审美素养和项目管理的能力。职业能力能说明一个人在既定的职业方面是否能够胜任，也能说明一个人在该职业中取得成功的可能性。职业能力，特别是专门能力可以在职业实践中培养出来，择业者可以通过发挥自己的能动性，并在工作中培养和发展自己的职业能力，使之适应职业的需要。

（三）能力与职业生涯发展

能力是职业素质最关键的组成部分，也是从事职业活动和推动职业发展的核心要素之一。具备一定的能力是个人胜任某种职业工作的必要条件。一个人无论从事什么职业要有一定的能力作为保证。没有任何能力，个人的职业生涯也就无从谈起。如果说，性格和职业兴趣影响的是个人的职业选择，以及在职业发展中所乐于付出努力的程度，那么，综合能力就是判定自己是否能胜任职业中各方面的工作内容，职业目标是否可行的标准。

美国心理学家罗圭斯特和戴维斯对个体的工作适应问题进行了多年的研究，提出了明尼苏达工作适应理论。该理论认为：当工作环境能够满足个人的需求时，个人会感到“内在满意”；当个人能够满足工作的要求时，个人能够达到“外在满意”；当工作环境既能满足个人需求，个人也能顺利完成工作要求时，个人在该工作领域才能持久发展。个人的能力和组织的要求，其实都是在不断变化的，我们要在变化中实现动态匹配。如果职业要求变高，自身的能力无法达到要求时，就需要提升技能，满足要求，从而获得外职业生涯的发展。如果个人的需求变高，那么也要相应地增加专业积累，争取想要的回馈，从而获得内职业生涯的发展。由此可见，做自己能够胜任的工作，培养和发展自己的能力，发挥个人的潜能与个人的职业满意度以及职业稳定性具有直接的关系。

佛罗里达州立大学的生涯档案系统调查显示，雇主们通常更青睐员工具有沟通能力、创造力、批判性思维能力、领导能力、生活管理能力、团队合作能力等能转化到任何特定工作中的基本能力。因为这些能力会影响认知、调节和影响自我及他人情感在内的一些列行为。能力是认识自我的重要组成部分，全面认知和发展能力有助于改善个人生涯决策的有效性。

二、我能做什么——职业能力的构成测评

（一）职业能力的构成及测评内容

指导语：下面有 9 组题，每组题有 6 个题目，每个题目有 5 个备选答案，即强、较强、一般、较弱、弱，请根据自己的实际情况作答，每题只能选择一个答案。通过测验，你可以大致了解自己的职业能力情况。

第一组　语言能力

1. 善于表达自己的观点。
2. 阅读速度快，并能抓住中心内容。
3. 清楚地向别人解释难懂的概念。
4. 对文章中的字、词、段落和篇章的理解、分析和综合的能力。
5. 掌握词汇的程度。
6. 中学时你的语文成绩。

请根据以上 6 点，在表 2-7 中选项的相应位置画“○”。

表 2-7　语言能力评分表

题号	强	较强	一般	较弱	弱
1					
2					
3					
4					
5					
6					
权重	×1	×2	×3	×4	×5

总次数＝

评定等级＝总次数÷6≈

第二组　数理能力

1. 作出精确的测量(如测长、宽、高等)。

2. 解算术应用题。

3. 笔算能力。

4. 心算能力。

5. 使用工具(如计算器)的计算能力。

6. 中学时的数学成绩。

请根据以上 6 点，在表 2-8 中选项的相应位置画“○”。

表 2-8　数理能力评分表

题号	强	较强	一般	较弱	弱
1					
2					
3					
4					
5					
6					
权重	×1	×2	×3	×4	×5

总次数＝

评定等级＝总次数÷6≈

第三组　空间判断能力

1. 美术素描画的水平。

2. 画三维度的立体图形。

3. 看几何图形的立方体感。

4. 想象盒子展开后的平面形状。

5. 玩拼板(图)游戏。

6. 中学时对立体几何题的理解及解题能力。

请根据以上 6 点，在表 2-9 中选项的相应位置画“○”。

表 2-9　空间判断能力评分表

题号	强	较强	一般	较弱	弱
1					

续表

题号	强	较强	一般	较弱	弱
2					
3					
4					
5					
6					
权重	×1	×2	×3	×4	×5

总次数=

评定等级=总次数÷6≈

第四组　察觉细节能力

1.发现相似图形中的细微差异。

2.识别物体的形状差异。

3.注意到多数人忽视的物体的细节。

4.检查物体的细节。

5.观察图案是否正确。

6.学习时善于找出数学作业中的细小错误。

请根据以上6点，在表2-10中选项的相应位置画“○”。

表2-10　觉察细节能力评分表

题号	强	较强	一般	较弱	弱
1					
2					
3					
4					
5					
6					
权重	×1	×2	×3	×4	×5

总次数=

评定等级=总次数÷6≈

第五组　书写能力

1. 快速而正确地抄写资料(如姓名、数字等)。

2. 阅读中发现错误字。

3. 发现计算错误。

4. 在图书馆很快地查找编码卡片。

5. 发现图表中的细小错误。

6. 自我控制能力(如较长时间做抄写工作)。

请根据以上 6 点,在表 2-11 中选项的相应位置画"○"。

表 2-11　书写能力评分表

题号	强	较强	一般	较弱	弱
1					
2					
3					
4					
5					
6					
权重	×1	×2	×3	×4	×5

总次数＝

评定等级＝总次数÷6≈

第六组　运动协调能力

1. 劳动技术课中做操纵机器一类的活动。

2. 玩电子游戏或瞄准打靶。

3. 在体操、广播操一类活动中身体的协调能力。

4. 打球姿势的水平度。

5. 打字比赛或算盘比赛。

6. 闭眼单脚站立的平衡能力。

请根据以上 6 点,在表 2-12 中选项的相应位置画"○"。

表 2-12　书写能力评分表

题号	强	较强	一般	较弱	弱
1					

续表

题号	强	较强	一般	较弱	弱
2					
3					
4					
5					
6					
权重	×1	×2	×3	×4	×5

总次数＝

评定等级＝总次数÷6≈

第七组　动手能力

1.灵巧地使用手工工具(如榔头、锤子)。

2.灵巧地使用很小的工具(如镊子、缝衣针等)。

3.弹乐器时手指的灵活度。

4.动手做一件小手工品。

5.很快地削水果(如苹果、梨子)。

6.修理、装配、拆卸、编织、缝补等一类活动。

请根据以上6点,在表2-13中选项的相应位置画“○”。

表2-13　动手能力评分表

题号	强	较强	一般	较弱	弱
1					
2					
3					
4					
5					
6					
权重	×1	×2	×3	×4	×5

总次数＝

评定等级＝总次数÷6≈

第八组　社会交往能力

1. 善于在陌生的场合发表自己的意见。

2. 善于在新场所结交新朋友。

3. 口头表达能力。

4. 善于与人友好交往，并协同工作。

5. 善于帮助别人。

6. 擅长做别人的思想工作。

请根据以上 6 点，在表 2-14 中选项的相应位置画“○”。

表 2-14　社会交往能力评分表

题号	强	较强	一般	较弱	弱
1					
2					
3					
4					
5					
6					
权重	×1	×2	×3	×4	×5

总次数＝

评定等级＝总次数÷6≈

第九组　组织管理能力

1. 善于组织单位或班级的集体活动。

2. 在集体活动中或学习中，时常关心他人的情况。

3. 在日常生活中能经常动脑筋，想出别人想不到的好点子。

4. 冷静、果断地处理突然发生的事情。

5. 在你曾做过的组织工作中，你认为自己的能力属于哪一种水平。

6. 善于解决同事或同学之间的矛盾。

请根据以上 6 点，在表 2-15 中选项的相应位置画“○”。

表 2-15　组织管理能力评分表

题号	强	较强	一般	较弱	弱
1					

续表

题号	强	较强	一般	较弱	弱
2					
3					
4					
5					
6					
权重	×1	×2	×3	×4	×5
总次数＝					
评定等级＝总次数÷6≈					

(二)职业能力测试评分说明及结果解释

【评分说明】

职业能力的评定采用“五级量表”:强、较强、一般、较弱、弱。每级评定都有相应的权重参数。将评定等级乘以权重参数,然后把 6 项数值加起来,再除以 6,就得到评定等级分数。

举例:姚某的语言能力评分第一组语言能力。

1. 善于表达自己的观点。
2. 阅读速度快,并能抓住中心内容。
3. 清楚地向别人解释难懂的概念。
4. 对文章中的字、词、段落和篇章的理解、分析和综合的能力。
5. 掌握词汇的程度。
6. 中学时你的语文成绩。

请根据以上 6 点,在表 2-16 中选项的相应位置画“○”。

表 2-16　姚某的语言表达能力评分表

题号	强	较强	一般	较弱	弱
1					
2					
3					
4					

续表

题号	强	较强	一般	较弱	弱
5					
6					
权重	×1	×2	×3	×4	×5
总次数＝13 评定等级＝总次数÷6≈2.2					

姚某的语言能力评分的计分方法如下。

总次数一(“强”的项目数)1×1＋(“较强”的项目数)3×2＋(“一般”的项目数量)2×3＋(“较弱”的项目数量)0×4＋(“弱”的项目数量)0×5＝13

姚某最后评定的等级＝总次数÷6＝13÷6≈2.2。把每一组的评定等级填入表2-16中。

评定等级的含义：“1”为强，“2”为较强，“3”为一般，“4”为较弱，“5”为弱。评定等级可能有小数点，如等级2.2表示此种能力水平稍低于较强水平，高于一般水平。填写完成后请根据评定的各组等级在职业能力与职业的匹配表中查出自己匹配的职业。

依次统计第二组、第三组、第四组、……、第九组。

【测验结果解释】

各种职业能力的特点如下。

(1)语言能力是指对词及其含义的理解和使用能力，对句子、段落、篇章的理解能力，以及善于清楚、正确地表达自己的观点和向别人介绍信息的能力。

(2)数理能力是指迅速且准确地运算以及在准确的同时，能推理、解决、应用问题的能力。

(3)空间判断能力是指对立体图形以及平面图形与立体图形之间关系的理解能力，包括能看懂几何图形，对立体图形的三个面的理解力，识别物体在空间运动中的联系，解决几何问题。

(4)察觉细节能力是指对物体或图形的有关细节具有正确的知觉能力，对于图形的明暗、线的宽度和长度作出区别和比较，看出其细微的差异。

(5)书写能力是对词、印刷物、账目、表格等材料的细微部分具有正确知觉的能力，善于发现错字和正确地校对数字的能力。

(6)运动协调能力是指眼、手、脚、身体迅速准确地随活动的动作作出精确的运作和运动反应，手能跟随眼所看到的东西而迅速行动，进行正确控制的能力。

(7)动手能力是指手腕、手指碰到物体后，在拿取、放置过程中，手指、手腕的自由运动能力。手腕能迅速且准确地活动，在操作较小的翻转物体时，手指能做出精巧运动和动作。

(8)社会交往能力是指善于人与人之间的相互交往、相互联系、相互帮助、相互影响，从而协同工作或建立良好的人际关系。

(9)组织管理能力是指擅长组织和安排各种活动，以及协调参加活动中人的人际关系能力。

三、如何培养职业能力——培养职业能力

在职业生涯发展过程中，无论是求职者还是工作者总有一些疑虑。例如，和优秀的人相比，总会感到自己各方面的能力都有欠缺，或认为自己的能力和兴趣不在同一个领域等现象。这些疑虑的确会影响我们对自我认识的探索，甚至会限制解决职业生涯问题的能力。那么有没有什么途径可以提升我们的职业能力呢?

(1)跟着教师、行业人物学习。在大学里，教师一般都有自己的研究课题，如果感兴趣，大学生可以跟着教师一起做课题，加深对专业知识的认识，进一步提升自己的专业技能。请教行业中的标杆人物或者一些已经身在行业中的人，学习这个岗位需要掌握的核心技能、学习的专业渠道，做一些职业访谈等获取工作领域里的经验，以及关注我们对这些经验的感受和反应，从而帮助我们认清职业能力的构建。

(2)找到应重点发展的能力。自我管理技能和可迁移技能不同于专业知识技能，但这两种技能在工作中更具重要性。特别是可迁移技能包括沟通、处理问题的适应力、责任心、积极行为和团队合作等，因为组织通过在当前工作场所中设置压力、多样性和变化性的情况越来越普遍。

(3)正视自身能力的差异性，不断加强对职业能力的探索。有的同学认为自己的能力平平，甚至认为自己没有任何优势能力。这样的理解是不全面的，任何时候我们都需要正确认识个人的优势能力。同时，学生时代的评价体系较为单一，对学生的要求大多局限在学习方面;而职场的评价体系更加多元化和社会化，对工作者的要求更全面立体。例如，生活管理能力在学生时代主要表现为高效率的完成课程学习、有效地应对学业的要求、参加各种活动或比赛等，而在职场中主要表现为适应变化的能力、个人财务管理的能力等。只有不断探索职业能力与职业目标相匹配才能更有效地发挥自己

的才能。

总体来说，能力的提升方式是多种多样且不固定的。只有当个体发现自己在某种能力上有所欠缺的时候，才能有针对性地去提升这种能力。所以，在日常生活当中，我们应该不断地对自己进行反思和总结，及时发现自己能力的不足并完善自我。能力的形成与发展依赖于知识、技能的提升；反之，能力的强弱又会影响到知识、技能的水平。

课中实训

实训：通过探索职业性格、职业兴趣、职业价值观、职业能力去找到适合自己的职业

1. 请同学们通过开展如下的课堂活动（职业性格）来探索适合自己的职业。

（1）活动方法：分成小组，每组 4～6 人，每位同学按照 MBTI 的 4 个维度分别描述自己的性格特点。

（2）活动规则：要求每位同学明确地描述出自己的性格偏好。小组内的其他同学可以根据对该同学的了解，提出不同的观点，并列举能佐证的例子，帮助发言的同学进一步明确自己的性格类型。

（3）活动注意事项：总结自身的优势，探索适合自己的职业，探索所适配的职业是否是自己感兴趣的。真实地展示自己，同时在其他同学发言时，要维护好课堂环境，中途不能随意打断别人说话。

2.请同学们通过开展如下的课堂活动(职业兴趣)来探索适合自己的职业。

(1)列举3种你最感兴趣的职业,请排除掉现实的考虑,仅仅从兴趣出发。这些职业的哪些特征吸引着你?

(2)请回忆3件令你感到满意和幸福的事件,并详细描述这3件事,是什么让你感到如此满意和幸福?

(3)做什么事情会让你废寝忘食?哪些时刻是你投入忘我的?这些事情和时刻有什么特点吸引着你?

(4)总结上述问题,有什么共同的特点?可以归纳为什么主题或关键词?这些主题和关键词可以和霍兰德的哪个兴趣类型相对应?

3.请同学们通过如下的问题探索你理想的职业生活，可以发挥想象的空间，尽可能生动地描述理想的职业生活。

(1)你想做什么性质的工作?

(2)你想在什么地方工作?

(3)你想和什么人一起工作?

(4)你每天工作的时间如何分配?

(5)你的职业能提供哪些你需要的东西?

(6)工作的发展性与前景如何？

(7)请用200字左右描述你理想中的职业生活。

4.请写下让你有成就感的3件事，并进行分析，成就故事可以是学习、生活的各个方面，不限于工作领域。“成就”代表的含义是自己感到满足，有价值感，为之兴奋或激动，也可以包括外界的认可或好评。每个成就故事应当包括以下5个要点。

(1)你想达到的目标。

(2)你面临的困难和挑战。

(3)你是如何一步步克服困难、接受挑战的。

(4)你取得的成就。

(5)你使用的技能。

成就故事1：

成就故事2：

成就故事3：

复盘反思

1. 知识盘点：通过对“自我认知”项目的学习，你掌握了哪些与职业、职业意识和生涯相关的知识？请画出思维导图。

2. 应用知识：本项目的学习对于你的生涯规划是否有意义？是否会影响到你的生涯计划和生涯发展？

3. 方法反思：本项目学习的“MBTI职业性格测试”“霍兰德职业兴趣理论”“施恩职业锚量表”“职业能力的构成测评”是否对你有用？在完成本项目学习和实训的过程中，你学会了哪些分析问题和解决问题的方法？

4. 行动影响：在完成本项目学习和实训的过程中，你认为自己还有哪些地方需要改进？

5. 素质技能自评表

使用说明：按评价指标评价项目素质技能成绩，优秀为5分，良好为4分，一般为3分，合格为2分，不合格为1分（见表2-17）。其中，评价分为学生自评。

表 2-17　素质技能自评表

素质技能点评价指标	得分
信息素养能力	
分析能力	
独立思考能力	
反思能力	

注：①信息素养能力，指能够判断什么时候需要信息，并且懂得如何去获取信息，如何去评价和有效利用所需的信息；②分析能力，指在思维中把客观对象的整体分解为若干部分进行研究、认识的技能；③独立思考能力，指能用自己的眼光观察事物，用自己的头脑想问题，判断是非曲直，辨别美丑善恶，提出符合实际的见解；④反思能力，指能对自己的决策、行为、方法以及由此产生的结果进行审视、分析、调整的能力。

项目三　职业环境分析

学习目标

1. 了解家人的职业与自己的职业生涯发展的关系。
2. 了解职场人士的工作和生涯经验。
3. 了解自己喜欢的职业所在的行业大环境。
4. 能够对自己喜欢的职业进行分析。

思维导图

- 项目三 职业环境分析
  - 课前自学
    - 任务一 家庭环境分析
      - 我了解家人的职业吗
      - 案例分析
    - 任务二 专业、行业、岗位分析
      - 我了解专业所对应的行业吗
      - 我的专业对应什么就业方向
    - 任务三 职业人士访谈
      - 如何进行职业信息访谈
      - 如何进行生涯信息访谈
  - 课中实训
    - 分析家庭环境对自己选择职业的影响——2课时
    - 调研所学专业、行业、岗位报告——2课时
    - 职业生涯信息访谈——2课时
  - 复盘反思

课前自学

任务一　家庭环境分析

一、我了解家人的职业吗——家人的职业类别

职业生涯是指人一生中的职业历程，即一个人一生中职业、职位的变迁及工作、理想的实现过程。职业生涯是人一生中最重要的历程，是追求自我、实现自我的重要人生阶段，对人生价值起着决定性作用。那么职业生涯规划和发展的目的到底是为了取得成功还是为了发现快乐？构建职业生涯的目的，不仅在于引领我们找到热爱的工作，而且要建立对生活的热爱。因为对一个人职业选择和未来职业生涯产生影响的因素，不仅包括性格、兴趣、价值观、能力等自我认知的内容，甚至还涉及家庭环境认知的内容。家庭环境认知的内容主要包括家人的期待、家庭特色文化、父母的职业、家风家训、家庭经济状况等家庭资源。

家庭作为孩子的第一所学校，对个人的成长发挥着巨大的影响。父母也是孩子认识各种职业、具备初步职业观念的第一任老师。父母通过对子女的教养，将社会的价值观念、行为方式等传递给孩子，从而奠定了子女生涯发展独特的精神资源和物质资源。在个体实现生涯目标的过程中，你的家人是在消耗你，还是支持和滋养你？当你在学习或工作的时候，你是如何思考家庭角色和家庭关系的？对于你的父母，你是否主动问起过他们的经历？他们为何从事现在的职业？他们对所从事的职业有何解读？你可以通过与父母的深度对话，走进他们的职业生涯，了解他们的职业梦想，感悟他们的职业智慧，综合这些信息来改进你的个人生涯理论及战略性生涯思考。

在现实生活中，家庭成员从事的具体工作方向，往往会对孩子起一个示范和指向作用。具体来说就是家庭成员对孩子的职业有正向影响或负向影响。一个人的祖辈、父辈在所从事的职业中不成功或职业感觉并不快乐的影响力是很大的。往往会导致他们的子女在职业选择上，因为一些其他原因进入不合适的领域。比如“我当了一辈子医生，我

要我儿子除了当医生干啥都行。”这种家长对自我职业发展不满意的投射，往往会使子女就业时盲目选择，在未来的发展上遇到更多的预想不到的困难。所以，作为父母最应该带给孩子的职业影响应是在职业发展中追求自我实现，让孩子看到世界上存在与人职匹配的职业；在你的奋斗中，让孩子看到聚焦发展的路径；在你的转型中，让孩子知道每一次开局都可以精彩。这样一种无形的影响，不仅可以用来帮助孩子甄选工作，而且教给孩子一种让职业生涯融入更广阔的人生追求里的整体方法。

（一）家人的职业类别

如图 3-1 所示，这是一棵家族职业树，上面的果实是家族成员中的职业。通过填写家族职业树上的内容，了解家人的职业类别。

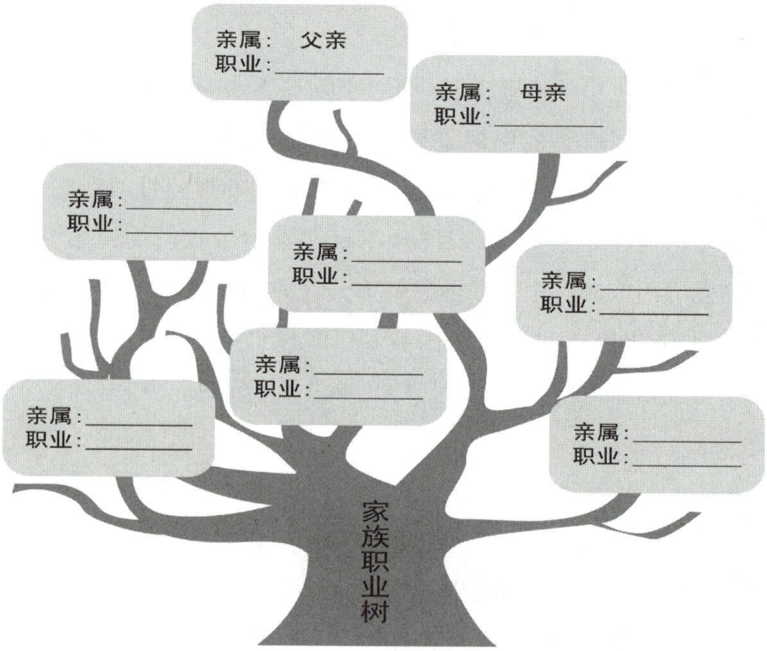

图 3-1　家族职业树

（1）请你将家庭中的亲属及他（她）的职业填写在上面的家族职业树上。画横线的地方写称呼和职业名称。

（2）探索包括自己在内的至少三代家庭成员的职业。

（3）填写完成之后，可以参考以下问题进行探索。

家族中大多数人从事的职业是什么？

爸爸（妈妈）如何形容他（她）的职业？

爸爸（妈妈）的想法对我有什么影响？

家族中还有谁对职业的想法对我影响深刻？他们怎么说？

家族中对彼此职业感到满意或羡慕的是什么？

你的理想职业是否受到家族某个成员职业的影响？

你的家庭成员对他们的职业是否胜任以及满意？这些对你的职业选择有什么影响？

你的家庭对于学习、工作与休闲三个方面的看法如何？

哪些职业是你绝不考虑的？

哪些职业是你要考虑的？

选择职业时，我还应该重视哪些条件？

（二）家族职业树解析

（1）不了解的家庭成员职业，需要去沟通了解清晰，增进彼此的家族感情。

（2）将你的直系亲属的职业梳理出来，然后和你现有职业或者将来想从事的职业作比较。一般来讲，家庭环境对一个人的人生观、价值观影响非常大，个人对喜欢的职业带有家族的烙印。比如一个家族的教师特别多，大家对教师行业就会比较偏爱。

（3）家族成员的职业也会对你有相反的映射作用。比如你的家族成员中医生很多，你或者家人可能就会有意识地选择不去学习医学的相关知识，而从事其他行业。

（4）家庭环境的认知对个人择业的影响不容忽视，但也不是绝对的，视个人情况而定。

二、案例分析

刘星在画完家族职业树之后，总结如下。

我们家做生意的人很多，我自己也打算在有一定工作经验之后再创业，因为时间可以自由安排，不用被约束。我爸爸认为工作最重要的是为顾客提供高质量的服务，做事前要了解客户的需求是什么，平时他会提到有关剪辑、影视后期这些职业，他认为这些职业和我的专业比较匹配，是前景比较好的职业。我妈妈认为职业的晋升空间比较重要，平时会提到有关律师、医生这些职业，她认为这些职业有很大的发展空间，实用性比较强。我会努力学好自己的专业，多考取一些证书。舅妈有提到影视相关的职业，她认为这些职业分工明确，术业有专攻。我家人会羡慕在医院工作的叔叔，觉得治病救人是一件很高尚的事情，同时又能得到他人的尊重。

我认为选择职业要综合考虑各种因素，根据自己的特质选择最适合自己的职业。我会比较看重职业的价值，也会关注工作环境、工作时间安排、工作待遇。我不会考虑医生这个职业，会考虑尝试影视后期、文案策划这些职业。

通过家族职业树，既可以明确自己的兴趣、价值观、职业方向等，同时还能寻找到自己的独特优势，为日后的职场生涯奠定基础。

任务二　专业、行业、岗位分析

一、我了解专业所对应的行业吗——行业分析(大数据为例)

通过前面对性格、兴趣、能力和价值观的探索，我们已经做到了“知己”，接下来我们要进行的是“知彼”。“知彼”就是了解自己所选的行业、岗位的具体情况。在知识结构、能力结构、职业素养等方面应该如何积累和准备才能胜任职位要求。

过去很多人认为上大学就是就业的保障，认为考取了一个好大学就意味着有高质量的就业，但事情往往不是这样的。用人单位雇佣的是人而不是学位或专业。人们最好选择与自己价值观、兴趣和技能相关的领域作为专业，因为这样能获得最佳的学业成就。而了解专业所对应的行业知识有助于我们未来的就业以及职业生涯的发展路径更顺畅。你所学的专业可以对应哪些行业？你选择的工作会在什么行业、什么样的环境中进行呢？这是我们需要深度思考的一个问题。

小君从新加坡飞回国求职时，当年国内的校招基本结束。后来他收到了一个传统行业的入职邀请，他便抱着“既然是大公司，应该不会差到哪里去”的想法欣然接受了。入职后，才真正了解到所谓的行业“内幕”：工作技术含量不算高，每天重复率却很高，留学几年所学的知识和个人优势似乎荡然无存；公司正面临行业业务转型，未来市场前景难以预测，总体不容乐观。

假如我们如同案例中的小君一样一不小心选错了行业，那该怎么办呢？回想一下，我们在选择入行时，是不是做了充分的了解呢？对自己较为青睐的企业、行业、产业是否有足够多的分析和调研呢？对企业而言，企业要想取得成功就必须懂得选择行业，要根据时代的发展发现市场的需求。对于个人而言，选择职业也要考虑企业、行业、产业的发展态势。

规划你的生涯发展和未来就业，聚焦行业发展比聚焦职业更加有用。因为在同一行业里通常有许多不同的职业，例如，医院需要电工、门卫、司机、医生、护士、公共关系专员等职业。同时，各行业在不同国家、不同地区的发展范围也有区别。了解行业的相关信息对于求职者考虑职业选择至关重要，因为它会告诉我们如何获取职业和相关的工作信息。了解一个行业并不是一件容易的事情，当前很多行业领域的知识体系都非常庞大，处在行业领域不同位置的人对于行业也有不同的认知。在了解行业信息的过程中，一定要从多个维度进行探索，一般来说，我们可以通过以下 6 个方面来对行业进行分析。

（一）行业分析内容

（1）该行业的定义。想要从事某个行业，首先需要全面地了解该行业是什么，也就是了解该行业的定义。不同的人或行业组织对同一个行业的定义不尽相同，因此在了解行业定义时，我们应集各家观点，加深对该行业的了解。

（2）该行业目前的发展阶段与前景趋势。要明确该行业现在正处于萌芽期、快速上升期、平稳期还是衰落期。一个行业的兴衰有其客观规律，并不会因人的意志而转移。对于那些处于衰落期的行业，我们要慎重考虑是否值得入行以及入行之后的转行问题。而对于那些正处于萌芽期或快速上升期的行业，我们要对其前景及发展趋势做分析，并结合其未来的发展趋势确立自身未来的发展目标和方向。特别注意要了解国家政策对某一行业的影响，是支持、鼓励和引导，还是限制、控制和制约？

（3）该行业包括的领域。这个行业从源头到终点都有哪些环节？这个行业有哪些细分领域？各细分领域发展趋势如何？我们可以根据政府或行业协会对该行业的分类，了解该行业包含的具体领域，如大数据行业包括智能家居、智能交通和智能安防等；也可以基于自身的资源整合能力和知识结构来了解该行业的某个领域。

（4）该行业对人才的需求条件。了解该行业对人才的需求：哪些类型的人才需求量大？哪些类型的人才已经达到饱和？这个行业在哪些细分领域存在人才短缺？这个行业需要哪些人才素质？我们还可以从两种视角去看待行业对人才的需求，一个是该行业对人才需求的数量变化，另一个是该行业对人才需求的百分比变化。

（5）该行业具有代表性的企业和人物。大学生需要详细了解该行业的龙头企业和杰出人物，这些企业和个人往往具有该行业突出的特点和优势。通过对他们的了解，我们可以进一步加深对该行业的总体把握。

（6）权威人士对该行业的分析和评估。查阅权威人士对该行业的分析与评估报告，这类人士往往对该行业了解得比较透彻，看待行业的发展问题比普通人更具有前瞻性，因此可以借鉴这些权威人士的分析，来完善自己对该行业环境的认识。

（二）行业分析（大数据为例）

1. 该行业的定义。

《中华人民共和国国民经济和社会发展第十四个五年规划和2035年远景目标纲要》指出，数据作为信息基础设施上承载的主要资源，是新型基础设施的“血液”。网络、物联网、数据中心是大数据发展的重要基础设施，超算中心、工业互联网、车联网的发展建设也离不开对于数据的分析和处理。数据广泛连接各种主体，可以引领和带动各要素在生产、流通、分配等环节的充分循环、高效配置和深度利用，是构建国内大循环的主要着力点。另外，数据也为全球产业链供应链有效协同、贸易自由往来提供了坚实支撑，大数据相关产品和服务贸易成为扩大对外开放的重要领域，为国际国内双循环互促共进提供了有效途径。

2. 该行业目前的发展阶段与前景趋势。

2022年，全球大数据技术产业与应用创新不断迈向新高度。在国际方面，美欧、韩日、澳大利亚通过政策、法案、设立机构等形式，持续深化实施自身大数据战略。美欧发布法案，确保数据价值在隐私保护的前提下释放；韩日设置专门机构，推进各行业数字化转型；澳大利亚发布国家数据安全战略，开始构建国家数据安全框架。

在国内，我国大数据行业不断取得重要突破，呈现良好发展态势。一是产业规模高速增长，2021年，我国大数据产业规模增加到1.3万亿，复合增长率超过30%；二是创新能力不断增强；三是生态体系持续优化；四是市场前景广受认可。在政策方面，党中央、国务院再次做出一系列重要部署，我国大数据领域良好的发展态势进一步巩固。2021年底，《“十四五”大数据产业发展规划》的出台明确了未来五年大数据产业发展工作的行动纲领，该文件提出“到2025年，我国大数据产业测算规模突破3万亿元”的增长目标，以及数据要素价值体系、现代化大数据产业体系建设等新目标。在人才方面，过半“双一流”高校设立大数据相关专业，多省份积极开展人才培育专项行动，人才供给能力显著增强。在资金方面，多省份通过设立专项资金或采取税收优惠政策等方式，对大数据企业、应用进行定向扶持和培育。

数据存储与计算实现了海量数据的高效存储、计算；该领域的发展方向聚焦为在持续提升能力基础上，通过精细化运营和技术升级实现“降本提质”。数据管理领域实现了数据质量提升、管理高效；数据管理的发展方向聚焦为尽快借助政策红利和智能技术带来的改变，促进各行业大规模实现全域数据管理。数据流通实现了数据在不同主体之间合理配置，使局部数据互相弥合，实现数据价值倍增。该领域需求旺盛、发展时间短，当前已初步探索出机构与机构之间点对点的流通路径，但数据权属、定价、市场规则等关键性问题仍有待破解；数据流通的发展方向聚焦为通过建设基础制度、创新流通技术，实现数据流通过程中安全与效率的平衡。数据应用使数据为企业业务经营过程赋能，该领域的发展方向聚焦为通过变革业务模式、优化相关技术，使数据应用与全域业务深度融合。数据安全领域在推进外规内化与风险治理等方面步伐明显加快；数据安全的发展方向进一步聚焦为兼顾安全与效率，从而实现安全左移的自动化与风险治理的智能化。

3. 该行业包括的领域。

产业数字化转型是大势所趋，这也为大数据发展带来丰富的应用场景，大数据与实体产业深度融合将具有广阔的市场空间和前景。未来我国产业持续优化升级，大数据与各产业融合步伐不断加快、融合深度不断加强，各细分产业应用场景的拓展和深入挖掘，将推动实体产业和民生服务更深层次、更大范围应用数据，变革现有业务模式。

大数据与实体产业深度融合。在农业及水利大数据方面，农产品生产监控、供需匹配、安全溯源、流通等方面越来越广泛地应用大数据，同时推动构建智慧水利体系。

在交通大数据方面，加强对运载工具和交通基础设施相关数据的采集和分析，依赖实时全面的交通数据助推无人驾驶、智能驾驶逐渐大规模落地；此外，开展出行规划、交通流量监测分析等应用创新，推广公路智能管理和公交优先通行控制。

在电力大数据方面，强化大数据在发电、输变电、配电、用电各环节的深度应用，实现多能协同互补和用能需求智能调控。

在医疗大数据方面，进一步推广远程医疗，推进医学影像辅助判读、临床辅助诊断等应用。

在金融大数据方面，通过大数据精算、统计和模型构建，提升基于数据驱动的风险管理能力。

大数据与民生服务加快融合，在就业大数据方面，运用网络招聘、移动通信、社会保险等大数据研判就业形势，辅助相关部门做出科学决策。

在社保大数据方面，开展社保数据挖掘和应用工作，建设社保大数据管理体系，支撑个性服务和精准监管。

在城市安全大数据方面，建设城市安全风险监测预警系统，实现城市建设、交通、市政等领域城市运行数据的有效汇聚，对城市安全风险进行监控监测和预警。

在应急管理大数据方面，构建安全生产监测感知网络，加大自然灾害数据汇聚共享，加强灾害现场数据获取能力，推广数据监管、数据防灾、数据核灾等智能化应用模式。

在信用大数据方面，构建信用大数据模型，提升信用风险智能识别、研判、分析和处理能力。

4. 该行业对人才的需求条件。

根据2021年人社部颁布的《国家职业技术技能标准——大数据工程技术人员》，目前企业提供的大数据岗位按照工作内容要求，可以分为以下4类岗位。

(1)初级分析类，包括业务数据分析师、商务数据分析师等。

(2)挖掘算法类，包括数据挖掘工程师、机器学习工程师、深度学习工程师、算法工程师、AI工程师、数据科学家等。

(3)开发运维类，包括大数据开发工程师、大数据架构工程师、大数据运维工程师、数据可视化工程师、数据采集工程师、数据库管理员等。

(4)产品运营类，包括数据运营经理、数据产品经理、数据项目经理、大数据销售等。

从大数据人才需求端来分析，企业调研结果显示，2021年大数据人才需求岗位TOP10的需求度为18.7%～83.3%。与2020年相比，大数据研发工程师是需求度最大的岗位，需求度为83.3%。2021年，大数据架构及建模工程师、大数据挖掘工程师分别是需求度第二、第三位的岗位。大数据产品销售人员、大数据应用咨询和技术顾问在2020年中并没有进入需求度前十的岗位，而2021年分别跃居第四和第五位。

同时，2021年大数据可视化工程师、数据清洗和标注工程师的岗位需求度增加明显。调研结果说明，一方面大数据行业缺少高层次的大数据研发人才，另一方面也缺少数据应用端的相关人才，大数据产业已进入更深层次的应用阶段。

从大数据人才培养端来分析，据教育部发布的数据显示，2017年至2021年，大数据本科专业备案数量超900个，但呈现逐年减少的趋势，其中2021年大数据本科专业数量为90个。同时，2021年普通高校新增备案本科大数据相关专业中，智能制造工程、智能建造、智能医学工程、智慧农业、智慧交通等专业较多，反映了大数据与实体产业融合需求增强亟须培养更多的大数据应用人才。另外，2017年至2021年，全国高职院校大数据技术专业合计备案数量达数千个，且呈逐年上升趋势，高职院校专业备案数量的不断增高，为大数据应用型、技能型、实战型人才培养奠定了基础，也更好地反映了大数据产业发展到深度应用阶段的人才需求情况。

从学历与工作经验角度观察数据团队从业者的工资变化，我们发现，本科学历对于从业者至关重要，本科学历比本科以下学历的月薪收入高出64%，从9173元跃升至15069元。但本科学历与硕士学历在求职市场上的议价差异并不明显，要求硕士学历岗位的薪资水平仅比本科学历的高出2000元。而博士学历则是薪资跃升的最终环节，要求博士学历的岗位对应着接近2.5万元的平均月薪。

随着工作资历的不断积累，从业者的收入水平也会获得稳步提升，从1年工作经验的7000元水平，在3年左右会突破月薪万元大关，在5～10年阶段，目前的公开招聘信息中，月薪并没有呈现较快增长，约为2万元。

算法、产品、开发、数据、研发五类数据行业核心职位仍然占据着高薪岗位前五名，最高的是博士学历的算法岗，平均月薪约为4万元。其中，算法岗的平均月薪已经接近2万。相比之下，运营、运维、网络、维护四类岗位的薪资收入稍低，但相比其他行业收入也非常可观。

5. 该行业具有代表性的企业和人物。

1)代表性企业

(1)中兴通讯股份有限公司。中兴通讯是全球领先的综合通信信息解决方案提供商。中兴通讯拥有成熟的大数据基础平台产品，可以针对各个行业提供大数据应用解决方案。中兴通讯在大数据领域拥有40多个发明专利，5项国家标准和众多的行业奖项，是业内首家提供融合的一站式AI开发平台，也是首家提供体系化的大数据安全方案的公司。

(2)百度是拥有强大互联网基础的领先AI公司，是全球为数不多的提供AI芯片、软件架构和应用程序等全栈AI技术的公司之一，被国际机构评为全球四大AI公司之一。百度以“用科技让复杂的世界更简单”为使命，坚持技术创新，致力于“成为最懂用户，并能帮助人们成长的全球顶级高科技公司”。百度以技术创新为信仰，在创新投入、研发布局、人才引进方面均走在国际前列。2020年，百度核心研发费用占收入比例达21.4%，研发投入强度位于中国大型科技互联网公司前列。百度全球AI专利申请量已超过1万件，其中中国专利9000多件，位列中国第一，并在深度学习技术、智能语音、自然语言处理、自动驾驶、知识图谱、智能推荐等多个领域排名国内第一。

(3)国信优易数据股份有限公司(简称“优易数据”)。优易数据由国家信息中心于2015年发起成立的科技平台型企业，拥有大数据、人工智能、区块链、物联网等新一代信息技术，专注于大数据基础软件产品研发与技术服务优化，面向政府现代化治理、城市指挥运行和企业数字化转型，提供基于数据操作系统DataOS的一站式领域解决方案和数字化在线服务。优易数据秉持合作共赢的理念，开放基础软件技术能力，连接产业链合作伙伴，共同构建面向数字时代的大数据产业生态。同时，优易数据面向生态伙伴、软件开发者，开放系统平台，以系统作为各行各业的连接器、工具箱，与生态共建者共同推动政府、城市、企业、产业完成新型数字生态体系的建设。

(4)深圳市华傲数据技术有限公司(简称“华傲数据”)，由贾西贝于2011年在深圳成立，聚焦于数字中国事业，专注数据治理，依托广东省珠江计划和深圳市孔雀计划引进的创新科研团队、国内省部级数据治理工程技术中心，以填补国际空白的五跨数据融合方法论 GLDM 为指引。华傲数据面向“数字政府”“数字经济”“数字社会”三大场景，研发了一整套覆盖完整数据生命周期的数据智能产品族及深入业务的行业解决方案，广泛应用于政府、交通、能源、金融等行业。华傲数据已在全球范围内布局了超过 300 项发明专利，其中包括 51 项国际 PCT 专利，是国际数据治理领域专利布局最多的公司。它以数据治理融合领导者的先发优势和智链数技术融合者的业务积累，为客户提供数据要素的市场化配置和数据资源的价值释放，让政企客户获得数据红利和算法红利。

(5)美林数据技术股份有限公司。该公司是国内知名的数据治理和数据分析服务提供商，重点面向企业客户提供数据资产管理、数据分析与挖掘、数据开发应用为主的大数据产品及增值解决方案，并探索实践工业互联网平台建设与运营等创新服务模式，助力传统企业数字化转型。多年来，该公司不断聚集行业及产业资源、广泛开展生态合作，现担任国家信标委大数据标准工作组工业大数据专题组组长单位，参与了多项大数据标准及白皮书编制工作。

2)代表性人物

(1)李彦宏。1991 年，李彦宏毕业于北京大学信息管理专业，随后前往美国纽约州立大学布法罗分校完成计算机科学硕士学位，先后担任道·琼斯公司高级顾问、《华尔街日报》网络版实时金融信息系统设计者、Infoseek 公司资深工程师。2000 年 1 月，李彦宏创建了百度。2014 年，李彦宏提出“新数据”概念，强调要在不改变用户行为习惯下，找到真正能帮助人们解决问题的数据。大数据实践过程不断印证了李彦宏的理念——人们不再盲目追求海量数据，而更加关注数据质量。在技术方面，百度毫无疑问是中国大数据行业的先行者，特别是在数据采集、数据分析方面都遥遥领先，事实上，百度开发的百度统计、百度 echarts 等数据分析工具已经帮助很多中小企业发现大数据价值。

(2)马晓东。在大学期间，马晓东带队完成与 Google、IBM 合作的大数据分布式计算技术商业项目，成果显著，积累了丰富的经验。在国家云计算重点实验室，参与负责国家 863 云计算大数据研发项目和论文编写工作，并陆续发表于 TOP80 等顶级杂志。2011 年，马晓东组建国云数据，开始正式创业。如今的国云数据，已经成为国内大数据行业的领导者，现已成功实施了包括中石油、一号店、京东商城、中国移动、中国联通、美国友邦、解放军总参、苏州园区政府智慧城市等多个大数据商业智能项目，凭借其出色的技术和完美服务赢得客户的高度评价。国云数据开发的“大数据魔镜”，以其更合理的价格和更适应中国国情的特点，已经在国内市场大数据可视化行业独占鳌头。

(3)张一鸣。大学毕业后，张一鸣曾经详细地分析过网络信息传播的各个部分和角度，他发现，信息的组织与分发有最大空间。他曾参与创建酷讯、九九房等多家互联网公司,2012 年创办字节跳动。2012 年上线的今日头条,以其独有的大数据分析和定制化推荐模式迅速受到热捧,短短四年,估值已达 80 亿美金。张一鸣认为:“大数据是网络空间的上帝,大数据胜过好算法。”基于此,今日头条在不断提升采集到的用户数据算法准确性,以提高推送的精准度。

6. 权威人士对该行业的分析和评估。

(1)中国工程院院士倪光南认为:大数据作为生产力,可能比大数据作为一种资产更全面。大数据生产力会推动企业生产管理关系的发展、推动中国社会的发展,会创造无穷无尽的财富,甚至将来会对我们思维的发展环境造成影响很大的变革。

(2)中国科学院院士梅宏指出:大数据提供了通过数据去发现和理解现实复杂系统的运行状态和规律、去探索未知和求解现实问题的新型方法,成为人类社会改造自然和社会的新手段;而用大数据的思维认识和思考世界,通过编程的方式建模和求解,也应该成为未来社会人类生存的必备能力。数字经济、数字政府、数字社会建设成为时代趋势,其本质是人类社会经济活动的全面数字化,既包括以大数据为代表的信息技术及产业发展,还包括传统行业领域转型发展。其中,数字化转型、网络化重构、智能化提升是经济社会转型发展的基本实施路径,大数据作为主线贯穿始终。

(3)“大数据之父”维克托·迈尔·舍恩伯格认为,大数据带来的信息风暴正在变革我们的生活、工作和思维,大数据开启了一次重大的时代转型,大数据时代的到来也意味着思维变革、商业变革和管理变革的到来。大数据已经成为新发明和新服务的源泉,而更多的改变正蓄势待发。

(4)马化腾认为,在全球新一轮科技和产业革命的推动下,我们正在面临一场前所未有的数字化变革,从广度上来看,中国的数字化进程已经从经济的领域扩展到民生、政务等领域,而且开始覆盖到社会经济的方方面面。另外从深度来看,数字创新正在和各个垂直的领域深度融合,开始下沉到各行各业。

二、我的专业对应什么就业方向——岗位分析(大数据为例)

当我们在招聘网站上搜索某一个岗位名称时,往往会冒出很多公司。虽然是同一岗位名称,但是不同公司的业务领域不一样,所做的工作也不一样。同样,即使在同一行业或同一工作单位,由于岗位的不同,对应的工作内容、服务对象、发展机会等各个方面也存在较大的差异。但在职场里,没有绝对的边缘或不边缘的岗位,只要找到自己的核心优势,依然可以在平凡岗位干出优异成绩。所以,我们务必对岗位进行全面的了解和分析，准确量化与岗位的差距并做好相应的行动改善。相信伟大出自平凡，奋斗成就最美。

（一）岗位分析内容

岗位是指组织为完成某项任务或承担某些职责而设立的工作职位，它是组织最基本的单位，一个或若干个岗位的共性体现就是职位。岗位分析就是对一个工作岗位的理解和认识，具体包括岗位的工作内容（做什么、怎么做、协同和相互关系、情境，如组织和工作）和岗位任职资格要求（即什么样的人适合该岗位）。岗位分析的目的是找出完成该岗位工作任务所需的外部条件、协调关系等，具体内容如下。

（1）岗位的工作内容即岗位描述，该岗位在企业的业务流程中处于何种地位，扮演何种角色，企业要顺利运行需要该岗位承担什么工作内容等。这是岗位分析的重中之重，因为企业的战略目标往往分解为部门目标、岗位目标，只有每个岗位的工作任务都顺利完成，企业的战略目标才能够实现。

（2）岗位任职资格要求即岗位要求，是指为了保证工作目标的实现，任职者必须具备的知识、技能、能力和个性等方面的要求。它常常以胜任职位所需的学历、专业、工作经验、工作技能及其他能力来呈现。岗位任职资格在实际的招聘工作中发挥着关键作用，是人力资源工作者筛选人才的重要依据。

（二）岗位分析（大数据为例）

根据人力资源社会保障部、工业和信息化部在2021年2月共同制定发布的《国家职业技术技能标准——大数据工程技术人员（2021年版）》，以及对大数据岗位招聘信息的调研结果，对大数据的主要岗位需具备的职业能力和专业技能进行了分类（见表3-1）。

表3-1　大数据行业能力要求

岗位群	岗位	工作任务	岗位能力及专业技能要求
产品运营类	大数据产品营销	1.产品介绍； 2.解决方案展示	1.能根据团队既定计划，收集市场目标信息； 2.能配合销售团队制作宣讲材料及解决方案展示材料； 3.能配合工程师解决客户技术咨询问题并提供参考信息

续表

岗位群	岗位	工作任务	岗位能力及专业技能要求
产品运营类	大数据产品经理	1.技术咨询； 2.解决方案设计	1.能收集目标市场信息，分析行业需求； 2.能配合销售团队进行产品宣讲和解决方案展示； 3.能独立解决客户技术咨询问题并提供技术方案； 4.能结合业务情况主导或辅助原型项目交付
挖掘算法类	大数据挖掘工程师（本科）	1.数据分析； 2.数据挖掘	1.能根据业务需求对遗漏数据、噪音数据、不一致数据等进行清洗； 2.能根据数据特征及规律，选择合适方法对数据进行采样； 3.能评估挖掘需求并使用工具对数据进行特征工程处理； 4.能调用常规模型进行模型训练； 5.能根据合适评价指标对模型进行验证和调参； 6.能根据合适评价指标对模型进行测试并输出最终模型的性能评估分数
	大数据算法工程师（本科）	1.利用算法进行分析； 2.算法优化	1.能结合理论和业务实际，进行大数据分析相关算法研究； 2.能针对研究结果设计分析算法并指导算法模型实现； 3.能针对现有算法提出新的改进和优化方法，建立新的分析体系； 4.能根据业务需求构建合适的分析模型； 5.能使用合适的算法实现分析模型并对拟合结果进行优化

续表

岗位群	岗位	工作任务	岗位能力及专业技能要求
开发运维类	大数据运维工程师（本/专科）	1. 大数据系统测试； 2. 大数据平台管理； 3. 大数据系统运维； 4. 大数据系统安全维护	1. 能对现有大数据集群的各类组件进行应用变更或版本更迭； 2. 能使用工具对集群的软硬件、服务、作业运行状态进行监控管理； 3. 能根据权限规范，使用工具配置和管理用户权限； 4. 能根据故障报告，参与故障排查，处理故障问题； 5. 能针对各类突发的外部攻击或异常事件进行应急处理
	大数据应用测试工程师（本/专科）	1. 大数据应用开发； 2. 大数据应用测试； 3. 大数据应用维护	1. 能根据需求开发大数据应用； 2. 能根据测试用例，对系统进行接口、功能、压力等黑盒测试并输出缺陷、测试报告； 3. 能根据测试用例，对代码进行逻辑、分支等白盒测试并输出缺陷、测试报告； 4. 能根据相应测试需求，开发自动化测试脚本
	大数据架构工程师（本科）	1. 大数据硬件系统搭建； 2. 大数据软件系统部署	1. 能够搭建大数据平台的硬件、部署软件和服务； 2. 能根据集群组件进行高可用及容灾配置
	大数据应用开发工程师（本科）	1. 大数据应用服务开发； 2. 大数据应用升级、优化	1. 能根据系统所使用的组件接口，开发相应的数据访问层业务代码； 2. 能根据大数据存储系统结构，设计对接业务库表结构； 3. 能根据产品业务需求，开发相应数据或计算接口； 4. 能根据流程图梳理代码逻辑，优化接口及功能模块

续表

岗位群	岗位	工作任务	岗位能力及专业技能要求
初级 分析类	数据分析师（本/专科）	1. 数据采集； 2. 数据建模； 3. 数据预处理； 4. 数据计算； 5. 数据查询	1. 能根据业务需求进行在线、离线数据采集； 2. 能根据调度策略使用框架设置调度作业； 3. 能根据存储策略进行数据存储； 4. 能根据业务需求对遗漏数据、噪音数据、不一致数据等进行清洗； 5. 能根据业务需求编写批量、实时数据计算作业； 6. 能根据数据指标规则计算关键业务指标； 7. 能根据数据平台构建联机事务分析系统并进行即席查询
	数据可视化工程师（本/专科）	1. 数据可视化； 2. 数据管理	1. 能选择关键指标抽取数据并进行图表展示； 2. 能使用可视化组件库进行可视化页面开发并配置交互模式； 3. 能根据产品反馈对可视化页面及图表进行调整和美化

任务三 职业人士访谈

一、如何进行职业信息访谈——职业信息访谈内容

对职业人士进行访谈是搜索职业信息和生涯信息的重要方法之一。信息访谈既可以帮助我们获得关于行业、职业、生涯、组织等较为独特的信息资源，还可以帮助我们了

解与工作领域有关的特殊问题或需要，以及如何适应工作情景的技巧和方法。信息访谈还能让我们成为见多识广的求职者，并帮助我们制定更好的关于未来的生涯抉择。

与工作面试不同，与职业人士访谈需要你提前准备好可行的引入话题，并与对方确认在他们方便的时候与他们进行简短的会谈（20～30分钟）。没有人有义务让你占用他们的时间和信息，所以要对他们保持尊重和礼貌。在访谈过程中，我们也要提前到约定的地方，并在会谈时保持主动和积极的态度，还可以问对方一些开放性问题以促进交流和讨论。在访谈结束后，还可以给对方发短信或邮件表示感谢。最后可以评估一下你对这次的信息访谈满意吗？你有得到你想要的信息吗？你还缺少什么信息？下一次访谈你还需要做什么进行改善？

在选取职业信息的访谈对象时，一般找从事相关职业或至少工作三年的工作者进行访谈。访谈对象的经历和感受在该行业中可能并不具有典型性或代表性，也可能过于主观，因此这样得来的信息有可能比通过别的渠道得到的信息更片面。同时，由于访谈对象不同，对同一问题的回答可能差异很大。可以通过多采访同一行业内的人员来弥补这一不足，也可以通过查询其他渠道的信息来进行验证。和相关的从业人员，特别是成功的人或失败的人进行交流，可以深入了解相关的职业知识和技能需求、待遇、发展前景等。在访谈中，你可以把下面的问题作为指南，再准备好自己想要问的问题。

职业信息访谈内容，是针对职业本身进行访谈，主要有以下几点。

（1）工作任务或内容。这个工作每天的具体任务是什么？

（2）工作环境。工作环境怎么样？

（3）所需的个人资格、技巧和能力。这个工作需要什么技能或能力？

（4）收入或薪资范围、福利。刚进入这个领域的人起薪是多少？其他形式的补助有哪些（奖金、福利）？

（5）工作时间和生活形态。对于着装、工作时间、休假，您有多大的自由度？

（6）晋升机会。在您所任职的单位里晋升机会怎么样？

（7）工作中的问题。您在工作中所处理的最难的问题是什么？组织一般会面临什么问题？解决这些问题需要做什么？

二、如何进行生涯信息访谈——生涯信息访谈内容

生涯信息访谈内容，是对被访者个人信息进行访谈。并结合自己的兴趣、技能、工作价值观、教育背景和已掌握的职业知识列出未来可能从事的几个职业，然后在每个职业

领域寻找3位以上的在职人士作为生涯人物。生涯人物可以是自己的亲人、老师和朋友，可以是他们推荐的其他人，也可以借助行业协会、大型同学录或某个具体组织的网页来寻找其他职场人士。我们需要特别注意，生涯人物的职业应是自己向往的；每个职业领域的生涯人物应结构合理，既有初入职场的人士，也有工作了一定年限的中高层人士；正式访谈前，对生涯人物的信息掌握得越全面越好，姓名、职务和联系方式是必需的，对于可以在生涯人物的讲话、文章或者大众传媒和单位网页上获得的信息要尽可能地收集和熟悉。

生涯信息访谈主要包括以下几点。

(1)教育或训练背景。什么样的教育背景或相关经验会对进入这个领域有帮助？

(2)生涯发展。您如何看待职业与生涯发展的关系？

(3)工作经验心得。您在工作中有什么经验可以分享一下吗？

(4)对工作的看法。您对这份工作有什么看法？

(5)未来生涯规划。您在未来几年有什么规划吗？

(6)对求职者的建议。假如要从事您所在的岗位，您可以给我一些建议吗？

针对以上两部分内容我们需要重点解读。

(1)采访前为自己准备个简单的自我介绍，因为在访谈过程中生涯人物可能会问采访者的职业兴趣和求职意向。面谈前，应征求生涯人物的意见，视情况对谈话进行录音、或书面记录、或不记录。尊重被访谈者，注意保护他们的信息安全和个人隐私。

(2)访谈中要注意着装和仪表，态度和蔼、大方；要文明礼貌，措辞得体，所有采访问题都需要转化为“请问您……”格式，真正通过访谈达到探索职业的目的，为个人的职业定向和职业选择做准备。

(3)访谈方式可以是面谈、电话访谈、QQ访谈，但最好是面谈。面谈前，采访者一般可以用已经从其他渠道了解的生涯人物的积极的消息轻松打开话题。之后就可以按设计好的问题开始访谈了。在访谈过程中，采访者要乐于倾听，给生涯人物留出提供其他信息的机会。

(4)组织形式：可以小组采访，每组3～4人；也可以个人采访。小组采访需要提交一份采访职能分配表。在访谈结束时，请生涯人物再给自己推荐其他相关的生涯人物。这样就可以以滚雪球的方式拓展自己的职业认知领域。

(5)采访时长：30～60分钟/人。

(6)形成报告：Word文档，格式如表3-2所示。

表 3-2 职场采访报告

访谈目的							
被访者姓名		性别		毕业时间		毕业院校	
联系方式		专业		工作单位		工作职位	
采访日期		时长		采访形式		采访者	
访谈内容	访谈问答经过(包括职业信息和生涯信息的所有内容)						
采访总结	将此次采访过程中团队合作的经验、克服困难的经历,以及采访之后的收获、感悟等内容总结出来						
访谈分工	写出小组合作过程中,每个人负责的任务						
成绩/评语	教师给出成绩,并给予评价						

三、案例分析

王欣采访了主编、教师、工程师三位职场人士。主编的采访内容节选如表 3-3 所示(经当事人同意,被访者学校和名字都用化名)。

表 3-3 王欣的采访报告

访谈目的	了解主编的职场生活以及相关职业信息						
被访者姓名	罗老师	性别	男	毕业时间	2014 年	毕业院校	某师范大学
联系方式	无	专业	传播学	工作单位	某杂志社	工作职位	主编
采访日期	2022 年 3 月 10 日	时长	50 分钟	采访形式	面对面	采访者	王欣
访谈内容	访谈问答经过(包括职业信息和生涯信息的所有内容)。 职业——杂志主编 1. 请问您做杂志主编时,每天都有哪些工作内容? 我独立负责杂志选题策划、采访、文章写作、编辑、约稿;负责跟美工沟通完成内容排班;杂志读者订阅、沟通及反馈的处理;杂志官方微信每天消息整理、推送;了解 IT、互联网行业动态,整合优质采编资源。						

续表

<table>
<tr><td>访谈内容</td><td>2.那平时您的工作环境怎么样?
工作环境比较自由且安静,但桌面杂乱无章,堆积了各种文案参考资料、各种构思草纸,写错的稿子一团团扔得满地都是,想到各种点子、灵感的便签贴满电脑屏边沿。
3.您觉得做杂志主编需要具备哪些技能或者能力?
编辑需要有较强的文字能力、策划能力、分析能力和组织能力,能够从多个角度审视和优化内容,把握市场需求和传播方向,整合各种资源,培养和管理作者团队。编辑需要有较广的知识面和阅读量,能够关注社会热点和文化变化,熟悉自己负责的领域和行业,不断学习提高自己的专业水平和创新能力。编辑需要有较强的抗压能力和协调能力,能够应对紧张的工作节奏和频繁的出差,处理各种突发事件和意外情况,与各方沟通协作,保证工作质量和效率。任何工作不仅需要一个人全心全意地投入,而且应该满怀热情。我觉得很多知识技能或经验也许并不是先前都已经积累了,而更多的是在进入工作之后,抱着一种开放、包容、谦虚、好奇的态度慢慢习得的。当然,现在你们可以提前阅读观察一些期刊或者编辑学刊之类的内容,还可以锻炼自己的文字能力。
4.面对杂志编辑这个行业,有什么压力吗?
期刊作为意识形态的一种载体,应该说是有很强的民族性和区域特色的。也就是说,没有一种杂志能够满足所有人的所有阅读愿望,每一本杂志必定有其特定的读者群。从产业发展的角度分析,任何一种期刊的发展要解决最重要的两个问题:一是市场定位与读者定位的问题,二是营销能力与分销渠道的问题。就目前而言,我们公司的许多期刊发展不佳的最大困惑并不在于市场定位与读者定位的不准,而在于营销能力与分销能力不足。目前对我而言,最大的挑战来自市场,如何做一份有市场、有品位、有受众的杂志是我一直思量的。
编辑可以通过自己的工作影响社会和文化,也可以从中获得成就感和满足感。但是编辑也面临着激烈的竞争和不稳定的收入,需要不断适应市场变化和技术发展,保持自己的竞争力和创造力。
5.您平时工作时间和生活形态怎么样?
虽然我们也是朝九晚五的工作状态,但很多时候为了在规定时间内赶出稿子,我们没有固定的休息和工作时间,也没有固定的吃饭时间。</td></tr>
</table>

续表

访谈内容	6. 做杂志主编要想获得一些成就，需要什么条件吗？ 杂志是一种可以影响人的事业，所以不能有丝毫的轻视与疏忽，一个编辑应该有一种挑剔和批判的眼光，可以最大程度上防止危险或错误东西对读者的误导；一个开阔的眼界，这样可以进行最大限度的甄选；一份执着，可以保证杂志不会随波逐流；一种热情，可以让杂志生机盎然；一手过硬的文笔，可以让杂志独立地表达自己的声音。 7. 请问您当初为什么要选择这个行业呢？ 这份工作带给我最大的收获是一种视野和心态，通过这份杂志，我与这个世界有了某种微妙的关联，可以开阔地观察这个世界的变化，使自己与它保持同步。最喜欢的是杂志能通过文字的力量来影响一些人的思想，这种影响是向上的、积极的。最不喜欢的是杂志为市场所迫，一味迎合市场。这份工作培养了我对文字和思想的鉴赏力，也锻炼了我统观全局的能力，这也许是我比较满意的地方。但说到成功，我觉得远远不及。 8. 请问如果我想从事这份职业需要做些什么准备？刚进入这个行业大概收入怎么样？ 首先梳理自己已有的专业知识能力，客观地评价自己的优势和劣势，尽可能做到扬长补短。然后有目的地提前锁定一些目标实习媒体或单位，有针对性地进行一些关注和调研，做到有的放矢。最后可以阅读一些人际交往或社交礼仪的知识，力求在细节方面也做到位，也可以向往届师兄师姐讨教实习的一些鲜活的经验，以利于较快地适应角色和心态的转变。这个行业有编辑、责任编辑、副主编、主编、副总编、总编等，每个杂志社的薪酬水平有所不同，很难有一个统一的标准。 9. 您对这份工作有什么看法？ 每一个新进入的员工都会进行一系列相关的培训，除了杂志社自己组织的以外，新闻出版局也会定期举行一些培训，内容主要是期刊编辑实务、期刊政策法规等。正式进入工作岗位后，一般杂志社都要求员工加强个人业务能力，在编辑水平、文字水平、专题策划等方面进行提升，在圆满完成特定工作量的情况下，员工被鼓励可以进行更高层次的学习。目前期刊界现有的人员构成并不是非常合理的，缺乏很多既能够编辑杂志，又能够灵活驾驭市场的优秀人才，所以，对于每一个想要在此行业有所发展的人来说，机遇和挑战是同时并存的。

续表

访谈内容	10. 您能对未来想从事这个行业的人提一些建议吗？ 我个人很难接受一种现成的某种说法，我认为这些说法就个人的经验而言可能是成立的，但是绝对不能照搬，可能会以偏概全。我相信任何一份工作，如果它是你真心喜欢的，并且你一直尝试不断地创新，那么你可以拥有上面提到的所有的满足，无论是声誉还是实利，但前提必须是你确实付出了精力、热情。对于你们而言，事先不加检验地接受某种只言片语，其实是非常危险的。
采访总结	我采访了三位在职人员。分别是主编、教师、工程师。编辑是我现在的专业，教师是我觉得有意义的一个职业，工程师是我以前想做的职业。 通过对罗老师的采访，我了解到了现在编辑行业的现状，也更加确定了自己会在这个专业走下去，我也很期待自己成为编辑之后的职业发展。通过对姚老师的采访，我发现教师可能并不适合当下的我。通过对李老师的采访，我确定了自己并不适合做工程师。 在发现其他更适合我的职业之前，编辑依旧是我的第一选择
访谈分工	个人完成采访、内容转化、整理、撰写报告等工作
成绩/评语	略

课中实训

实训一　分析家庭环境对自己选择职业的影响

1. 讲一个你的家庭成员的职业故事。

2. 你最想从事你的家族或者同学家族中的哪个人的职业？为什么？

实训二　调研所学专业、行业、岗位报告

1. 撰写个人专业所对应的行业分析报告。

2. 撰写个人专业所对应的岗位分析报告。

实训三　职业生涯信息访谈

1. 除了职场人士访谈，你还知道哪些职业信息探索渠道？每个人采用 3～4 种职业信息探索渠道搜索自己感兴趣的职业信息并填写表 3-4。可从下面 10 个方面去搜寻信息：

①工作性质、任务或内容；

②工作环境、就业地点；

③所需的教育、训练或经验；

④所需的个人资格、技巧和能力；

⑤收入或薪资范围、福利；

⑥工作时间和生活形态；

⑦相关职业和就业机会；

⑧进修和升迁机会；

⑨组织文化和规范；

⑩未来展望。

表 3-4　职业信息

职业	相关信息
1.	
2.	
3.	
4.	

2. 每人选择 1～3 种自己感兴趣的职业，完成对应的 1～3 位职业人士生涯访谈。可以组队进行采访，也可以个人进行采访，并完成采访报告(见表 3-5)。

表 3-5　采访报告

<table>
<tr><td>访谈目的</td><td colspan="7"></td></tr>
<tr><td>被访者姓名</td><td></td><td>性别</td><td></td><td>毕业时间</td><td></td><td>毕业院校</td><td></td></tr>
<tr><td>联系方式</td><td></td><td>专业</td><td></td><td>工作单位</td><td></td><td>工作职位</td><td></td></tr>
<tr><td>采访日期</td><td></td><td>时长</td><td></td><td>采访形式</td><td></td><td>采访者</td><td></td></tr>
<tr><td>访谈内容</td><td colspan="7">访谈问答经过(包括职业信息和生涯信息的所有内容)</td></tr>
<tr><td>采访总结</td><td colspan="7">(将此次采访过程中团队合作的经验、克服困难的经历，以及采访之后的收获、感悟等内容总结出来)</td></tr>
<tr><td>访谈分工</td><td colspan="7">(写出小组合作过程中，每个人负责的任务)</td></tr>
<tr><td>成绩/评语</td><td colspan="7">(教师给出成绩，并给予评价)</td></tr>
</table>

复盘反思

1. 知识盘点：通过对“职业环境分析”项目的学习，你掌握了哪些与职业、职业意识和生涯相关的知识？请画出思维导图。

2. 应用知识：本项目的学习对于你的生涯规划是否有意义？是否会影响到你的生涯计划和生涯发展？

3. 方法反思：本项目学习的“家族职业树”和“职业信息访谈”是否对你有用？在完成本项目学习和实训的过程中，你学会了哪些分析问题和解决问题的方法？

4. 行动影响：在完成本项目学习和实训的过程中，你认为自己还有哪些地方需要改进？

5. 素质技能自评表

使用说明：按评价指标评价项目素质技能成绩，优秀为 5 分，良好为 4 分，一般为 3 分，合格为 2 分，不合格为 1 分(见表 3-6)。其中，评价分为学生自评。

表 3-6 素质技能自评表

素质技能点评价指标	得分
信息素养能力	
分析能力	
独立思考能力	
反思能力	

注：①信息素养能力，指能够判断什么时候需要信息，并且懂得如何去获取信息，如何去评价和有效利用所需的信息；②分析能力，指在思维中把客观对象的整体分解为若干部分进行研究、认识的技能；③独立思考能力，指能用自己的眼光观察事物，用自己的头脑想问题，判断是非曲直，辨别美丑善恶，提出符合实际的见解；④反思能力，指能对自己的决策、行为、方法以及由此产生的结果进行审视、分析、调整的能力。

项目四　职业生涯决策与规划

学习目标

1. 了解职业生涯决策和规划的意义。
2. 理解职业生涯决策风格和职业生涯规划的基本理论。
3. 掌握职业生涯决策的方法、职业生涯规划的方法，学会撰写职业生涯规划书。

思维导图

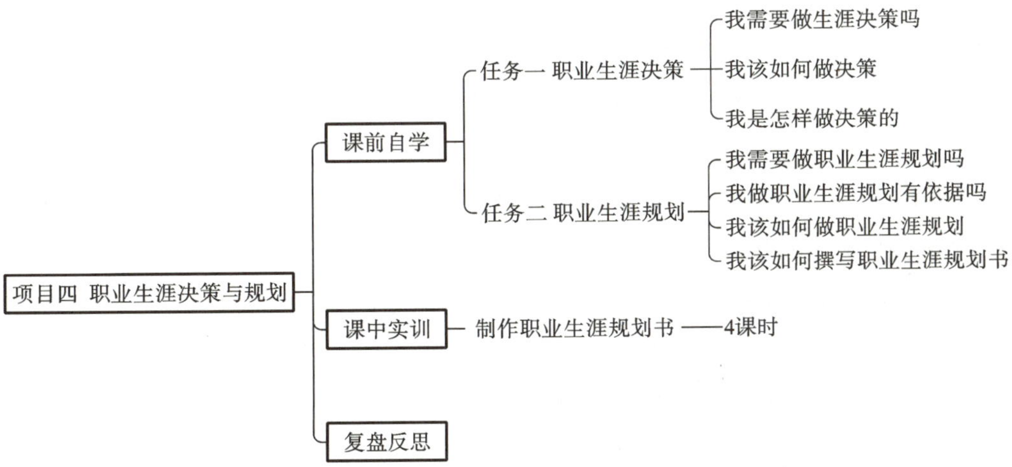

课前自学

任务一　职业生涯决策

一、我需要做生涯决策吗——职业生涯决策概述

决策是为了实现一定的目标，采用一定的科学方法和手段，从两个以上的方案中选择一个满意方案的分析判断过程。它是建立在决策者自身和周边环境分析基础上，确定行动目标，并对实现目标的若干可行性方案进行比较和选择，最终确定一个最为优化、合理的方案的分析决断过程。简单来说，决策就是做决定的过程。在职业选择中，通常也需要我们做出有利于职业发展的决定，这就是职业决策。职业决策是一个复杂的认知过程，通过此过程，决策者组织有关自我和职业环境的信息，仔细考虑各种可供选择职业的前景，最后做出职业行为的公开承诺。

无论是日常生活还是工作，决策制定是我们其中的一个要素——我们不断地从各种可能性中挑选出我们想要的和我们所喜欢的。回想一下，也许你今天已经做过一系列决策：我早餐吃什么？今天有个重要活动，我该穿什么衣服？我该什么时候给父母或朋友打电话？每个决策都需要你核查关于自己和周围环境的信息。例如，决定穿什么可能就需要你评估一下当时的冷热感受，或许还需要查一下天气预报，考虑今天的这个重要活动有哪些人参加、需要什么样的着装要求、需要步行和站立的时长等。也就是说，决定穿什么是首先基于你对你自己的了解，然后基于你对有哪些选择的了解。

职业生涯决策也是一样，首先你需要了解你自己，包括需要了解你的性格、价值观、兴趣和技能方面的信息；然后你需要了解有关职业、专业、行业等方面的信息。在前三个项目中，我们已经对这些信息做过深度了解和考虑。从这个项目开始，我们可以根据前面各种信息的考虑结果，经过一系列活动以后，进行职业目标的决定，以及为实现目标而制定优选的个人行动方案。

职业决策是人生必经的门槛，是大学毕业生必须面对的人生关键的一步。针对当前

大学生职业选择中存在的随意性大、被动就业等问题，大学生应该掌握一些有效的职业决策理论和方法，加强自身职业决策能力的培养。

首先，我们需要梳理与生涯决策过程有关的两个主题，包括：①了解制定出良好决策的重要性；②了解影响决策制定的因素。

(一)良好决策的制定至关重要

有一些学生似乎觉得自己对自我以及各种选择的信息都有很好的了解，但做出了糟糕的决策；有一些学生，在网上或书上做了各种测验以了解自己的性格、兴趣、价值观和技能，花费了大量时间和精力，但决策的结果还是很糟糕。这两种情况的发生很可能是因为学生没有意识到：有了这些自我认知和职业知识的信息后，如何制定良好决策就显得尤为重要了。

决策的制定至关重要，因为我们个人决策所采用方式的质量是评定我们工作和生活是否有效率的指标之一。这里提到的“个人决策所采用方式的质量”关键在于决策是“如何”做出的，尤其是重大的生活或工作决策，如从事什么职业。这些重大决策会对未来几年，甚至很多年产生长期的影响，因此，做出良好的决策格外重要。此外，我们进行重大决策的方式也会影响其他人对我们的评价。

一般而言，我们是如何学习做出个人决策的呢？有的人是通过观察，在观察他人的决策过程中进行学习；有的人是通过试错法，从过去和实践的经验中学习。而且，我们所接受的针对个人决策的培训也是间接的而非直接的。所以，本书将在本章阐述有哪些因素影响决策制定、职业决策制定的几种实用方法以及进行决策的几种风格，帮助你更好地了解如何制定生涯决策并在后面的实践中做出良好的生涯决策。

(二)影响决策制定的因素

影响我们做出决策的因素有很多，下面列举的是一些常见的因素。对这些因素的意识和察觉，能助你成功地进行生涯决策。

1. 个人因素。

个人的因素是进行有效的生涯决策的基本保证，包括健康的身体、稳定的情绪和良好的精神状态。我们要避免在情绪极端时做决策，因为疲惫不堪、紧张焦虑，或是注意力无法集中等，都不能保证良好的决策制定。虽然我们很难在理想的条件下做决策，但是，如果你被情绪包围的话，你就可以肯定此时自己的决策能力将下降。压力、愤怒、恐惧、焦虑、贪婪和兴奋，所有这些精神状态都与优质决策背道而驰。然而，正如在情绪波动时很难做出好的决策一样，在缺失情感时也很难做出好的决策。神经科学家安东尼奥·达马西奥指出，当我们情绪平稳时，我们的理性思维能够最有效地运作。如果你觉得自己处在情绪极端的状态时，只要有可能，就要尽量推迟重要决策。事实上，生涯咨询师们也发现，那些在生涯决策制定上存在困难的人，通常都处于不太良好的决策状态之下。因此，良好的个人因素为有效的决策制定提供基础。

2. 家庭因素。

家庭成员以及重要他人的关系会影响你进行生涯决策。对于大学生而言，影响可能主要来自于家长，也可能来自于师长、同学和朋友等。研究家庭系统和生涯决策的学者们已经观察到：那些与家庭成员关系过于密切的人，在进行决策时，往往很难保持情绪和心理上的独立。例如，当你不能区分你认为自己应该从事的职业和重要他人认为你应该从事的职业时，且你无法将二者分开，那么，家庭因素就会干扰你做出职业生涯决策，甚至可能出现问题。再如，当你和家庭成员无法在金钱、成功和价值观等方面达成共识时，也会干扰你做出生涯决策，从而造成选择问题。

3. 社会因素。

社会、经济、历史和文化的因素会影响你的生涯决策过程。一方面，我们都要面对国家经济振荡、性别歧视和年龄歧视等问题；另一方面，我们作为社会性动物，也会产生一些从众行为，即由于受到来自他人或群体的真实的或者想象的压力，改变你的生涯决策。

总而言之，以上三方面的因素都会增加职业生涯决策的难度，但许多决策都可能遇到这些问题。所以，本书会提出一些有效地进行生涯决策的方法，助你克服个人因素、家庭因素和社会因素对生涯决策过程的干扰。

二、我该如何做职业生涯决策——职业生涯决策的方法

这里列出常用的职业生涯决策的 5 种方法。

(一)CASVE 循环

1991 年，盖瑞·彼得森在其著作《生涯发展服务：一种认知的方法》中提出了认知信息加工金字塔模型，经过后续的信息加工与处理，最终发展成完整的认知信息加工理论。在认知信息加工金字塔模型的中间部分即是决策技能领域，指的是决策的方法，即 CASVE 循环。CASVE 循环会指导你完成整个生涯问题解决和决策制定过程。图 4-1 所示的是 CASVE 循环的 5 个步骤以及各步骤处理的顺序：沟通(communication)、分析

(analysis)、综合(synthesis)、评估(valuation)、执行(execution)。

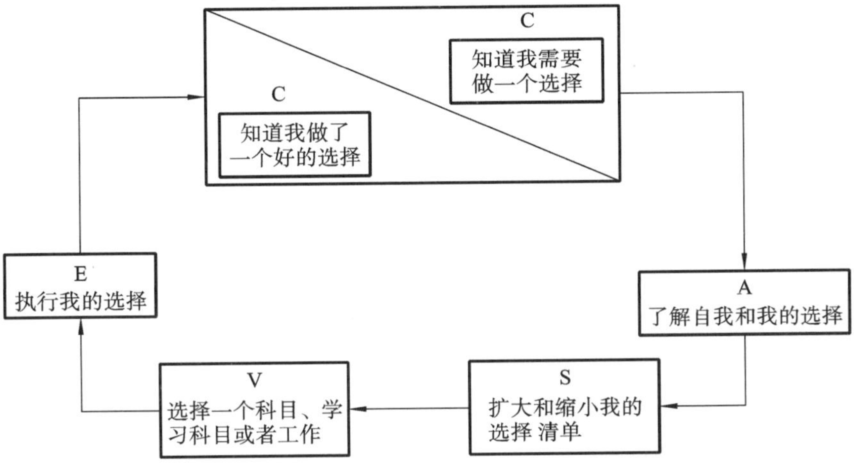

图 4-1　信息加工技能——CASVE 循环①

1. 沟通。

"沟通"是 CASVE 决策制定过程的第一阶段，在这一阶段，决策者收到了理想与现实之间的信息差距，这些信息包括内部和外部的信息沟通。内部的信息沟通是指个体的身心状态，比如在毕业找工作的时候，你可能会感受到焦虑、烦躁等情绪。外部沟通可能包括亲朋好友关于你毕业后计划的询问，或是网络上关于你的专业所在领域正在逐渐过时的文章。

这是"知道我需要做一个选择"的阶段，在这个阶段，我们从认知和情感上充分地接触问题。当我们完全意识到，这些沟通表明已经有问题或差距存在，不能再置之不理时，我们就能开始分析问题的来源，探究问题成因。附录中良好决策制定指南提供了一些方法，帮助你更具体地对生涯决策中的"沟通"问题进行思考。

2. 分析。

"分析"是 CASVE 决策制定过程的第二阶段，这一阶段的主要目的是考虑各种可能性，因为在这一阶段，问题解决者会花时间去思考、观察、研究，更充分地了解所存在的差距以及他们有效做出反应的能力。较好的生涯决策者不会用冲动行事来减少在沟通阶段所体验的压力或痛苦，因为他们知道，这是无效的，甚至可能令问题恶化。他们会弄清楚，要解决这个问题需要了解自己的哪些方面，了解环境的哪些方面，需要做些什么才能解决问题，为什么会有这样的感受，家庭会怎样看待自己的选择等问题。他们可能会问

---

① 资料来源：Reprinted from The Career Development Quarterly, 41, 1992, p. 70, copyrighted NCDA. Reprinted with permission of the National Career Development Association. Used with permission.

下列一些问题。

①“要解决这个问题，我需要了解自己以及环境的哪些方面？”

②“我确实需要做些什么来解决这个问题？”

③“我为什么会有这样的感受？”

④“我的重要人员如何看待我的选择过程？”

这是“了解自我和我的选择”的阶段。在这一分析阶段，生涯问题解决者经常会采取行动来改善关于自我的知识，如性格、兴趣、价值观和技能领域的相关知识，同时不断学习有关职业、专业、行业、企业、社会、经济等方面的知识。简而言之，分析就是指了解所有可能导致第一步中理想情景与现实情况的差距产生的相关因素。

分析阶段需要把各种因素和相关知识联系起来。例如，“分析”可能包括了解自我知识与职业（选择）知识之间的关联，霍兰德的六边形就是一个好例子。再如，我们知道有些特定的职业选择与现实型的联系相对更紧密，其他 5 种霍兰德类型同样如此。

3. 综合。

在综合阶段，决策者将综合和加工前一个阶段提供的信息，从而制定出消除差距和解决问题的行动方案。

根据分析阶段的信息，先选择范围扩展开来，然后再逐步缩小。综合细化（synthesis elaboration）是综合的第一个子阶段，决策者尽可能通过一定的方法发散思维，想到尽可能多的选项，形成一个清单。虽然这比较难，甚至很多时候决策者还会面临各种困难和压力，但是这个形成清单的过程对于解决问题非常有用。

综合结晶化（synthesis crystallization）是综合的第二个子阶段。在这个时候，问题解决者会把选择清单缩减数目，通常保留 3～5 个选项。认知研究表明，我们的头脑记忆和处理这一数量的选项最为有效。这也是我们常常把电话号码分为三或四位数的小组进行记忆的原因。为了缩减备选项的清单，问题解决者必须回到分析阶段的结果上，从中挑选 3～5 个最好的选项，它们要能够消除沟通阶段所找出的差距。

综合阶段还需要不断地回到分析阶段核查信息的质量，以及是否消除差距。我们也可以进行这样的提问促进我们进行综合和加工处理信息：为了达成你的目标，还有哪些选择？在这些选项中，哪些是你最愿意尝试？

4. 评估。

“评估”是描述 CASVE 循环的第四阶段，这是一个选择职业、工作或研究领域的阶段。

评估，就是对比分析各个选项之间的优劣，并做出优先选择。具体来说，评估阶段可以分为两步。第一步是决策者可以对综合阶段得出的 3～5 个选项进行具体的评价，评估每个选项对你自身和对你的重要他人的影响。例如，如果你选择了某一职业，这会给自己、父母、伴侣等人带来什么影响？每一种选择都要从自身和对重要他人的代价和益处两方面进行评价。

评估的第二步即是决策者对综合阶段的选项进行排序。排在第一位的选项最好是既能够消除差距也能解决问题的选项。次之的选项排在第二位，以此类推。此时，决策者还需要在做出承诺去实施这一选择。

5. 执行。

“执行”是描述 CASVE 循环的最后一个阶段，这一阶段的主要目的是采取行动、解决问题，因为在这一阶段我们将通过制定和实施行动计划，把思考转化为行动。执行需要建立手段——目的之间的联系，确定一系列合乎逻辑的步骤以达到目的。在考虑评估阶段得出的结果时，需要将其作为目标进行重构，然后聚焦那些能够让目标达成的具体行动，包括制定时间表、里程碑、流程、实施方案等。这是“实施我的选择”的阶段。很多人都觉得在执行阶段制定行动方案是快乐的、有意义的事情，因为他们感到自己要采取积极行动去解决在沟通阶段所确定的生涯问题了。这时，他们非常专注、精力充沛，积极从外界获取对于他们行动的反馈。

6. 沟通再循环。

进入沟通再循环阶段是由于行动无法消除现实和期待之间的差距，则可以再次从沟通开始，进行下一轮的循环（见图 4-2）。上一个循环中的执行阶段为再一次回到沟通阶段提供线索，以确定沟通阶段所存在的问题是否得到了很好的解决。

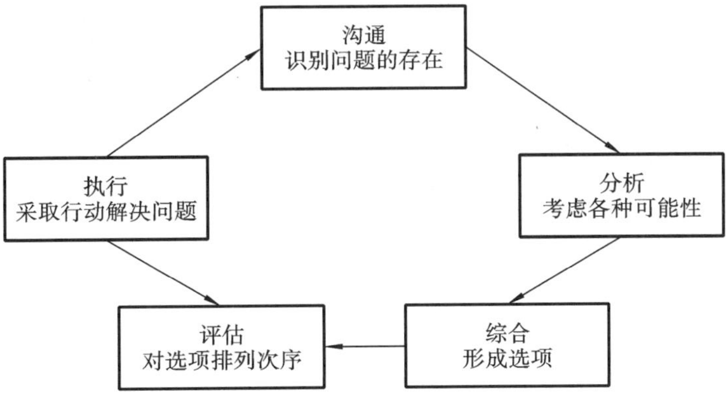

图 4-2　CASVE 循环

这是“知晓我已经做了个好的选择”的阶段。在问题解决和决策制定的过程中，很多时候人们会很快完成 CASVE 循环的 5 个阶段，或是在某一特定阶段滞留。CASVE 模型无论是对解决个体问题，还是解决组织问题都非常有用。它可以帮助你更加深思熟虑，并在了解更多信息后做出选择，以系统化的方式来思考这五个步骤，为你提供了一个有效的工具，使你成为更加有效率的人。

7. 小结。

CASVE 循环的 5 个阶段中，每一个阶段都能以不同的方式提高你的决策制定能力。每一个阶段的建议都是建立在关于改善与自我知识和职业知识相关技能的基础之上，这一点非常重要。信息加工金字塔模型中的每一层级也都是建立在更低层级的基础之上。

生涯决策制定是连续的过程，这一过程的顺利完成有赖于 5 个阶段中每一阶段的成功。研究表明：任何阶段出现问题，都会阻断或误导整个问题的解决过程。整个过程的好坏取决于最糟糕的那一阶段。

在 CASVE 循环中最容易出现问题的有三个关键点。第一个关键点是沟通阶段。有时候人们无法正视理想和现实之间的差距，甚至不愿意在认知和情感上充分地接触问题。还有些人不重视内部沟通和外部沟通的重要性，以至于不能探究问题的成因。

第二个关键点在评估阶段。有的人在做出选择时，总是前怕狼后怕虎，担心各种想象中不好的情况发生，不愿意接受决策带来的风险，迟迟做不了决定。或者有的人面对选项的各种好处都想得到，既要鱼，也要熊掌，什么都不愿意舍弃。

第三个关键点在执行阶段。一般来说每个任务都不是轻轻松松就可以完成的，有时候一个任务因为过于繁重，在我们眼里就变成了一种负担，而我们又缺乏拆解的能力，所以就会陷入一团乱麻的焦虑状态，不知道从何下手。例如，我们被任务的模糊和不确定所压倒；我们将外界的消极阻力看得过大，以至于认为任何努力都是徒劳。为了解决这些问题，本书将在职业生涯规划管理篇着重阐述如何利用各种科学方法和工具落实行动以及评估反馈，帮助读者进入 CASVE 正循环，为其可持续的职业发展蓄力。

(二)5W 法

5W 法是一种简单的职业生涯决策方法，使个人的自身因素和社会条件达到最大程度的契合，对实施过程加以控制，并能够在现实生活中知晓趋利避害，使职业生涯规划更具有实际意义。5 个 W 分别为：①Who are you?（你是谁?）②What do you want?（你想做什么?）③What can you do?（你能做什么?）④What can support you?（环境支持或允许你做什么?）⑤What can you be in the end?（你的最终生涯目标是什么?）。具体信息如下：

1. Who are you(你是谁)?

“你是谁?”应该对自己进行一次深刻的反思，有一个比较全面、客观和清醒的认识，充分思考自己优点和缺点并一一列出来。

2. What do you want(你想做什么)?

“你想做什么?”是对自己职业发展的一个心理趋向的检查,自己要清楚地知道想要什么样的职业和什么样的生活。每个人在不同阶段想做的事情很可能会不一样,兴趣和目标也并不一定完全一致,有时甚至是完全对立的。但随着年龄和经历的增长,兴趣和目标会逐渐固定,最终锁定自己的职业理想。

3. What can you do(你能做什么)?

“你能做什么?”则是对自己能力与潜力的全面总结,一个人职业的定位最根本的还要归结于他的知识水平和能力,而他职业发展空间的大小则取决于他的潜力。对于一个人潜力的了解应该从几个方面去认识,如对事的兴趣、做事的韧劲、临事的判断力以及知识结构是否全面、是否及时更新等。

4. What can support you(环境支持或允许你做什么)?

“环境支持或允许你做什么?”环境对于你的职业选择起着重要影响作用,主要是指周围的环境资源,包括两个方面:一是客观方面,如经济发展、人事政策、企业制度、职业空间等;二是主观方面,如家庭支持、朋友关系、同事关系、领导态度、亲戚关系等。对于涉世未深的大学生来说,环境的支持将有助于你的自我发展。后者的人为因素更加明显,事实也证明人脉越丰富的大学生找工作更加容易。与此同时,职业发展也很容易受家人、朋友等态度的影响或干扰。

5. What can you be in the end(你的最终生涯目标是什么)?

“你的最终生涯目标是什么?”对这个问题的回答是建立在前四个问题的基础之上的。明确了前面四个问题,就会从各个问题中找到对实现有关生涯目标有利和不利的条件,若列出不利条件最少的、自己想做而且又能够做的生涯目标,那么第五个问题“我的最终生涯目标是什么?”自然就有了一个清晰明了的框架。

以上五个 W 涵盖了目标、定位、条件、距离、计划等诸多方面,只要在以上五个关键点上加以分析、细化和精心设计,最大限度地匹配自身因素和社会条件,控制实施过程,并能够在现实生活中及时评估和调整,就会使职业生涯决策和规划更具有实际意义。

(三)SWOT 分析法

SWOT 分析法由美国哈佛大学安德鲁斯教授于 1971 年提出的,他在《公司战略概念》一书中,将企业面临的竞争环境分为内外两部分,是一种能够较客观而准确地分析和研究企业现实情况的方法。SWOT 也可用于检查一个人技能、能力、职业、喜好和职业机会的有用工具，被广泛用于个人的自我分析之中。

在制定生涯目标时，一要考虑自身内部因素；二要考虑外部环境因素。SWOT 分析法是一种有效的自我诊断方法，可以帮助你分析个人的优点和弱点在哪里，并且教你评估出自己所感兴趣的不同职业道路的机会和威胁所在。其中 S 代表 strength（优势），W 代表 weakness（弱势），O 代表 opportunity（机会），T 代表 threat（威胁），S、W 是内部因素，O、T 是外部因素。从整体上看，SWOT 可以分为两部分：上半部分为 SW，主要用来分析内部条件；下半部分为 OT，主要用来分析外部条件。利用这种方法可以从中找出对自己有利的、值得发扬的因素，以及对自己不利的、要避开的东西，发现存在的问题，找出解决办法，并明确以后的职业发展方向。

首先，评估自己的长处和短处。每个人都有自己独特的技能、天赋和能力，不可能样样精通。找出短处与发现长处同等重要，因为可以基于自己的长处和短处做两种选择：一是努力改正常犯的错误，提高自己的技能，二是放弃那些自己不擅长的技能和要求很高的职业。

其次，找出你的职业机会和受到的威胁。不同的行业、不同的公司都面临不同的外部机会和威胁，所以，找出这些外界因素对求职是非常重要的。这是由于这些机会和威胁会影响第一份工作和今后的职业发展。

虽然做一份个人 SWOT 分析会占用你的时间，但是详尽的个人 SWOT 分析却是值得的，因为当你做完详尽的个人 SWOT 分析后，你将有一个连贯的、实际可行的个人职业策略参考。现在，你可以尝试填写下表（见表 4-1）：SWOT 分析法。

表 4-1　SWOT 分析法

内部个人因素	内部优势：你可以控制并且可以利用的内在积极因素。 你擅长什么？ 有什么样的优点？ 你最优秀的品质是什么？你的能力体现在哪里？ 你曾经学习了什么？你曾做过什么？ 最成功的方面是什么？ 和别人有什么不同？ 因为什么比周围人出色？ （其他问题）	你的弱势、缺点：你可以控制并努力改善的内在消极因素。 我的性格有什么弱点？ 什么做不来？ 经验或者经历上还有哪些缺陷？ 因为什么感觉失败？ 别人为什么比你好，比你有优势？ （其他问题）

续表

外在环境因素	发展机会：你不可以控制但可以利用的外部积极因素。 有什么适合你的机会？ 3～5 年内有什么更好的发展？ 有什么可以帮助你成功的外部因素？ 社会环境对你的发展目标的支持？ 地理位置优越给专业发展带来的机会？ 就业机会增加。 （其他问题）	阻碍、威胁：你不可以控制但可以弱化的外部消极因素。 有什么样的压力或危机？ 外部环境会有怎样的改变？ 有什么会阻碍你的发展？ 名校毕业的竞争者。 同专业的大学生带来的竞争。 （其他问题）
你自己真实的卖点：		
总体鉴定（评估你制定的职业发展目标）：		

注意事项如下。

①进行 SWOT 分析时，要对个人的优势与劣势有客观的认识，不要过分夸大自己的优势，也不要过于妄自菲薄，要客观、全面，同时要区分个人的现状与前景。

②要与其他同专业的同学或者你打算从事某一职业的竞争者进行比较，了解自己的优势与劣势。

③在进行 SWOT 分析时，SWOT 分析法要尽量简洁化，避免复杂化与过度分析。

在完成 SWOT 内外因素分析和 SWOT 矩阵构造后，可以清楚地看到自己的竞争力和发展机会，从而能够制定出恰当的生涯目标；同时，可以清晰地认识到自己的不足和面临的外在威胁，从而可以制定相应的策略，以发挥优势因素，克服劣势因素，利用机会因素，化解威胁因素。运用系统分析方法，将排列的各种环境因素相互匹配，加以组合，就可得出一系列适合自己的对策。那么，你可以进一步尝试填写下表（见表 4-2）：SWOT 分析及其应对策略。

表 4-2 SWOT 分析及其应对策略表

外部 内部	优势 S 1. 2. 3.	劣势 W 1. 2. 3.
机会 O 1. 2. 3.	S-O 对策：利用优势，抓住机会（蓝海）	W-O 对策：改进这些
威胁 T 1. 2. 3.	S-T 对策：利用优势，避开威胁	W-T 对策：消除这些

S-O 对策：着重考虑优势因素和机会因素，目的是努力使这两种因素都趋于最大化。S-O 对策是四大对策中最需要把握住的对策，因为很多劣势或威胁都难以在短时间内消除，与其费力弥补短板，不如突出优势，抓住机遇。

W-O 对策：着重考虑劣势因素和机会因素，目的是努力使劣势因素趋于最小、机会因素趋于最大。例如，个人所考取学校虽然一般且专业偏冷，但个人具备某一特殊技能，目前市场对该类型人才需求量大，那么弱点因素的影响就会比较小。

S-T 对策：着重考虑优势因素和机会因素，目的是努力使优势因素趋于最大、威胁因素趋于最小。例如，应届毕业生在刚刚进入某一行业时会遇到经验老到的竞争者，他们在岗位专业知识、经验方面远比自己丰富，这时可充分发挥年轻人充满活力、充满创造力的特点，投入饱满的工作热情，谦虚上进，努力进取，发挥创造力，敢于创新，大胆展现自己，从而获得企业的认可。

W-T 对策：着重考虑劣势因素和威胁因素，目的是努力使议些因素都趋于最小。例如，觉得自己社交能力不强，就要多参加社会活动。

（四）决策平衡单法

决策平衡单法可以帮助人们在做职业生涯决策时识别对自己最佳的职业选择。它的基本原理是：将自己的职业目标、感兴趣的职业和所具有的能力放到一个表格中，并评估每个选项的激励因素和障碍。最后，根据表格中的结果，选择具有更多激励因素而相对较少的障碍的职业。

确定你的职业决策需考虑的因素主要分为两大类：自我部分和外在部分。具体介绍如下。

1. 自我部分（精神与物质）。

自我精神部分，包括自己的能力、兴趣、价值观、自己的心理需求（自尊、自我实现）；生活方式的改变、成就感、自我实现的程度、兴趣的满足、挑战性、社会声望的提高、发挥个人的才能及其他。

自我物质部分，包括升迁机会、工作环境的安全、社会地位、工作环境、工作发展前景、工作内容、休闲时间、生活变化、对健康的影响、足够的社会资源、能提供培训机会、就业机会及其他。

2. 外在部分（精神与物质）。

外在精神部分，包括父母、师长、配偶、家人支持及其他。

外在物质部分，包括家庭经济收入、择偶及建立家庭、与家人相处时间、家庭的地位及其他。

决策平衡单法的步骤有以下几点。

第一步，确定你的职业方向和职业目标。一般来说，这些目标应该是有针对性的，可以在未来的某个时间点实现，并且很可能让你感兴趣的。

第二步，明确你所拥有或所想获得的职业能力。应该考虑你自身拥有的不同技能和品质，以及可能对你有用的学习和获取新技能的方式。

第三步，创建一个决策表格，如表 4-3 所示。列出你潜在的 2～3 个职业选项，排列在决策平衡单的顶部。

表 4-3　决策平衡单

选择项目考虑因素		权重（1～5 分）	职业选择一		职业选择二		职业选择三	
			加权分得（＋）	加权分失（－）	加权分得（＋）	加权分失（－）	加权分得（＋）	加权分失（－）
个人物质方面得失	1. 收入							
	2. 工作难易程度							
	3. 升迁机会							
	4. 住宿居住条件							

续表

选择项目考虑因素		权重（1～5分）	职业选择一		职业选择二		职业选择三	
			加权分得（+）	加权分失（-）	加权分得（+）	加权分失（-）	加权分得（+）	加权分失（-）
个人物质方面得失	5.工作环境安全							
	6.休闲时间							
	7.生活稳定							
	8.对健康的影响							
	9.就业机会							
他人物质方面得失	1.家庭经济影响							
	2.家庭地位及家庭声望影响							
	3.与家人相处时间							
	4.与好友相处时间							
他人物质方面得失	5.职业的社会认可度							
	6.社会氛围和职业的发展趋势							
个人精神方面得失	1.生活方式改变							
	2.成就感							
	3.自我实现程度							
	4.兴趣满足							
	5.挑战性							
	6.社会声望值提高							
	7.社交、人脉改善							

续表

<table>
<tr><th colspan="2" rowspan="2">选择项目考虑因素</th><th rowspan="2">权重
（1～5 分）</th><th colspan="2">职业选择一</th><th colspan="2">职业选择二</th><th colspan="2">职业选择三</th></tr>
<tr><th>加权分得（＋）</th><th>加权分失（－）</th><th>加权分得（＋）</th><th>加权分失（－）</th><th>加权分得（＋）</th><th>加权分失（－）</th></tr>
<tr><td rowspan="3">他人精神方面得失</td><td>1. 父母心态（支持或否定）</td><td></td><td></td><td></td><td></td><td></td><td></td><td></td></tr>
<tr><td>2. 师长心态（支持或否定）</td><td></td><td></td><td></td><td></td><td></td><td></td><td></td></tr>
<tr><td>3. 好友心态（支持或否定）</td><td></td><td></td><td></td><td></td><td></td><td></td><td></td></tr>
<tr><td colspan="2">合计</td><td></td><td></td><td></td><td></td><td></td><td></td><td></td></tr>
<tr><td colspan="2">最后分值</td><td></td><td colspan="2"></td><td colspan="2"></td><td></td><td></td></tr>
</table>

注：表格中的内容可根据需要调整，增加或减少都可以。分值高的职业目标，就是期望的职业目标。

第四步，判断各个职业选项的利弊得失，集中于四个方面进行评估，分别是自我物质方面的得失、他人物质方面的得失、个人精神方面的得失和他人精神方面的得失。为各个考虑项目赋予权重：对个人而言，每个项目的价值是不同的，个体可以主观地给每个项目赋予权重，一个项目越重要，其权重越高，5 代表最高权重，表示“非常重要”，3 代表“一般”，1 代表“最不重要”。

给各考虑项目评分，决策者为每个项目赋予数值，代表得失程度，“＋”号与“－”号分别代表得与失，分值在－5 到 5 分之间，其中 5 代表“完全满足”，0 代表“不知道或无法确定”，－5 代表“完全不满足”。

逐一计算各个职业选项的得分，与权重相乘，计算各个选项的总分。

最后，将每一项目所有正负积分相加，得出总分，进而得出各个职业选项的优先顺序，即可作为个体职业生涯决策的依据。

（五）决策方格法

决策方格法，即布莱克的管理方格理论（management grid theory），是由美国德克萨斯大学的行为科学家罗伯特·布莱克（Robert R. Blake）和简·莫顿（Jane S. Mouton）在 1964 年出版的《管理方格》（1978 年修订再版，改名为《新管理方格》）一书中提出的。决策方格法可运用在职业生涯决策中，操作步骤如下。

列出你最向往的 2～3 个生涯发展目标。

（1）根据你个人的情况，从你的个人价值满足程度、兴趣一致程度、专长的施展空间等方面，一一评估每个职业目标的回报等级：优、良、中、差。

(2)根据职业发展机会情况，从职业发展机会中对能力与经验要求、学习限制、发展前景等方面，评估每个职业目标的机会。

(3)根据你对回报和机会的评估结果，在职业目标决策方格中找到相应位置(见表4-4)，并将职业目标填入决策方格之中。

表 4-4 职业目标决策方格

回报	职业目标的决策方格				
优		目标 1			
良				目标 3	
中			目标 2		
差					
	差	中	良	优	机会

(4)将每个职业目标的回报与机会的得分相乘，乘积最大的目标就是最适合你的职业目标。其中，差=1 分，中=2 分，良=3 分，优=4 分。

三种职业目标的决策结果如下：

目标 1=2×4=8(分)

目标 2=3×2=6(分)

目标 3=4×3=12(分)

综上所述，目标 3 分数最高，是最适合的职业目标。在解读决策方格法时，需要从以下几个角度去解释。

(1)分数低于 8 分，不包括 8 分。说明你这个职业目标对于自己来说有两种情况：第一，实现的可能性很小；第二，可以列为远期目标。

(2)分数在 8～12 分，包括 8 分。说明这个职业目标对于你来说有实现的可能性，所以你要把这个职业目标从回报等级方面如何满足自身的要求，以及从机会等级方面自己如何满足目标的要求这两个方面的内容解释清楚。这个目标可以列为中期目标。

(3)分数高于 12 分，包括 12 分。说明这个职业目标对于你来说实现的可能性很大，是近期目标。所以你要把这个职业目标满足了你哪些方面的回报(回报等级角度)，你又满足了哪些目标所需要的特质(机会等级角度)这两个方面的内容解释清楚。

三、我是怎样做职业生涯决策的——探索决策风格

在面对职业生涯决策的时候，每个人受个体的经验、知识、能力、性格和气质等多重

因素的影响，都有自身独特的行为方式，这种独特的决策方式就是个体的决策风格，且不同决策风格的人对行动的迫切性有不同的反应，他们在对待风险的态度与处理问题方面具有差异。

(一)决策风格的概念

决策风格(decision making style)可以认为是人们在做决策时表现出来的行为偏好和心理倾向，反映了个体在决策的过程中习惯的反应模式，是个人关于决策行为的个性特征在职业决策过程中的体现。不同的人在决策同一件事情、实现同一目标的习惯偏好不同，从而形成了决策风格的差异。个体决策风格是如何形成的，对这一问题的分析大体可归纳为三类理论。

(1)个性决策论。这类理论的主张是，决策风格取决于决策者的个性(包括气质、性格等心理特征)。

(2)情势决定论。这类主张的学者认为，决策任务与决策环境适合于不同决策风格的人。

(3)相互作用决定论。坚持这一倾向理论的学者认为，决策风格既受个性影响，又受决策任务与环境的影响，因此，在研究决策风格的形成原因时，需要同时考虑上述两类因素的相互作用。人们采用何种风格在一定程度上取决于自身一贯的认知风格、行为习惯等特点，也取决于可利用的时间资源，以及所面临的决策问题的复杂程度。

(二)决策风格的类型

最早研究决策风格的是丁克里奇(Dinklage)，他将人们作决策的风格归纳为八个类型，如表 4-5 所示。

表 4-5 决策风格的类型

决策类型	说明	行为特征	优势
冲动型	决策的过程基于冲动，决策者选择第一个遇上的选择方案，立即反应	先做了再说，以后再想后果	不必花时间搜集资料
宿命型	决策者知道做决策的需要，但自己不愿做决策，而把决策的权力交给命运或者别人，因此认为做什么选择都是一样的	船到桥头自然直，天塌下来会有大个子顶着，反正时也、运也、命也	减少冲突，不必自己负责任

续表

决策类型	说明	行为特征	优势
顺从型	自己想做决策，但是无法坚持己见，常会屈服于权威者的指示和决策	如果你说可以，就可以，都听你的	维持表面和谐
拖延型	知道问题所在，但经常迟迟不做决策，或者到最后一刻才做决策	急什么？明天再说吧	延长做决定的时间
直觉型	根据感觉而非思考来做决策。只考虑自己想要的，不在乎外在的因素	嗯，感觉还不错，就这么决定了	比较简单省事
麻痹型	害怕做决策的结果，也不愿负责，选择麻痹自己来逃避做决策	我知道该怎么做，可是我办不到	可以暂时不做决定
犹豫型	选择的项目太多，无法从中做出取舍，经常处于挣扎的状态，下不了决策	我决不能轻易决定，万一选错了，那就惨了	搜集充分完整的资料
计划型	做决策时会倾听自己内在的声音，也考虑外在环境的要求，以做出适当且明智的抉择	一切主动权在我手里，我是命运的主宰，是自己的主人	主动积极，面对问题，解决问题

目前使用得较多的是哈瑞恩(Harren)在丁克里奇基础上所作的划分，提出了四种决策风格：理智型、直觉型、依赖型和犹豫型。

美国职业生涯专家斯科特(Scott)和布鲁斯(Bruce)(1995)认为决策风格是在后天的学习经验中逐渐形成的，并将决策风格划分为五种类型：理智型、直觉型、依赖型、回避型和自发型。

1. 理智型。

以周全的探求，对选择的逻辑性评估为特征。理智型的决策者具备深思熟虑、分析、逻辑的特性。这类决策者会评估决策的长期效用并以事实为基础做出决策。理智型决策风格是比较受推崇的决策方式，强调综合全面地收集信息、理智的思考和冷静的分析判断，是个体需要培养的一种良好的思考习惯。

2. 直觉型。

以依赖直觉和感觉为特征，比较关注内心的感受。直觉型的决策风格以自我判断为导向，在信息有限时能够快速做出决策。当发现错误时能迅速改变决策。由于以个人直觉而不是理性分析为基础，这类决策发生错误的可能性较大，因此，易造成决策不确定性。

3. 依赖型。

以寻求他人的指导和建议为特征。依赖型的决策者往往不能承担自己做决策的责任，允许他人参与决策并共同分享决策成果，会受到他人的正面评价，但也可能因为简单地模仿他人的行为导致负面的反应。依赖型的决策者需要理解生活中他人对自己的影响程度。

4. 回避型。

以试图回避做出决策为特征。回避型的决策风格是一种拖延、不果断的方式。这类决策者不能够承担做决策的责任，不考虑未来的方向，不去做准备，不知道自己的目标，也不思考，更不寻求帮助。这样的决策者更容易受到学校等支持系统的忽略。所以，这些学生需要意识到自身的决策风格及其可能造成的危害，努力调整，增强职业生涯规划的意识和动机，才能从根本上得到帮助。

5. 自发型。

以渴望即刻、尽快完成决策为特征。自发型的个体往往不能够容忍决策的不确定性以及由此带来的焦虑情绪，是一种具有强烈即时性，并对快速做决策的过程有兴趣的决策风格。自发型决策者常会基于一时的冲动，在缺乏深思熟虑的情况下做出决策，此类决策者通常会给人果断或过于冲动的感觉。

任务二　职业生涯规划

一、我需要做职业生涯规划吗——职业生涯规划概述

（一）职业生涯规划的含义

职业生涯规划（career planning），又叫职业生涯设计，是个人对所从事的职业进行自

我计划和管理的过程。具体来说，职业生涯规划是指个人根据对自身的主观因素和客观环境的分析，确立自己的职业发展目标，选择职业道路，制定相应的培训、教育和工作计划，并按照职业生涯发展的阶段实施具体行动以实现目标的过程。

（二）职业生涯规划的意义

我们经常听到很多关于职业的讨论或提问。

二十多岁的时候，大家会问，我到底做什么好？我的第一份工作做什么会是一个比较好的起点？我该怎么样积累我自己？

三十多岁的时候又会质问自己，我怎么三十多岁了还这样？人家三十多岁的时候，都到达什么高度了。

四十多岁的时候又纠结，我拿什么跟这些年轻人去拼呢？我的体力在下降，我的知识更新迭代的速度可能也不够快。

五十岁的时候可能更加焦虑了，我怎么能站好职业的最后一班岗，不要过早地被干掉？怎么能够持续发挥余热，让自己依旧过得有价值？

所以，在不同的阶段，我们都会遇到职场上的一些迷茫。

为了我们职业发展的可持续性，我们不应该到了某个年龄时才考虑该怎么样，而是应该考虑如何从现在开始做好准备。大学阶段正是对职业生涯进行规划的最好时段，它的重要意义在于以下几个方面。

第一，职业生涯规划可以发掘自我潜能，增强个人实力。

一份行之有效的职业生涯规划将会：①引导你正确认识自身的个性特质、现有与潜在的资源优势，帮助你重新对自己的价值进行定位并使其持续增值；②引导你对自己的综合优势与劣势进行对比分析，扬长避短；③使你树立明确的职业发展目标与职业理想；④引导你评估个人目标与现实之间的差距；⑤引导你前瞻与实际相结合的职业定位，搜索和发现新的或有潜力的职业机会；⑥使你学会如何运用科学的方法采取可行的步骤与措施，不断增强你的职业竞争力，自我完善，实现自己的职业目标与理想；⑦使你明白，现在做的每一点都是为实现未来目标所做的努力，进而增强自我控制力和自我管理能力。

第二，职业生涯规划可以增强发展的目的性与计划性，提升成功的机会。

“如果你不知道要到哪儿去，那通常你哪儿也去不了。”职业生涯规划使大学生有了一个长远的目标，并且把长远目标分解成依次递进的子目标，在学习、工作、生活中按照子目标脚踏实地向着长远目标行进。即便在行进过程中遇到很多障碍，但有明确目标的人，会比没有目标的人更充满希望和信心，并以更积极的态度去面对。

生涯发展要有计划、有目的，不可盲目地“撞大运”，很多时候我们的职业生涯受挫就是由于生涯规划没有做好。好的计划是成功的开始，古语云，“凡事预则立，不预则废”，就是这个道理。

第三，职业生涯规划可以提升应对未来职场的能力。

世界发展已经进入到乌卡时代（VUCA），即不稳定（volatility），不确定（uncertainty），复杂（complexity），模糊（ambiguity）。我们正处于一个易变性、不确定性、复杂性、模糊性的世界里，要想让自己成为适应乌卡时代（VUCA）、驾驭未来的人，必须设计好自己的职业生涯规划。这样才能做到心中有数，不打无准备之仗。而不少应届大学毕业生不是首先坐下来做好自己的职业生涯规划，而是拿着简历与求职书到处乱跑，总想会撞到好运气、找到好工作。结果是浪费了大量的金钱、时间和精力，到头来感叹招聘单位是有眼无珠，叹息自己英雄无用武之地。出现这类现象的一个原因是他们没有充分认识到职业生涯规划的意义与重要性，认为找到理想的工作靠的是成绩、口才，甚至关系等条件，认为职业生涯规划纯属纸上谈兵，耽误时间，有那时间还不如多跑两家招聘单位。这是一种错误的理念，因为实践证明：未雨绸缪，先做好职业生涯规划，磨刀不误砍柴工，有了清晰的自我认识和职业认知、明确了职业目标之后再把求职活动付诸实践，这样的效果要更好，也更经济、更科学。

奥美互动全球董事长兼首席执行官布赖恩·费瑟斯通豪在《远见——如何规划职业生涯 3 大阶段》中告诉我们，职业发展不是问答题，而是选择题。问答题可以让我们停留在舒适区，而选择题则让我们跳出现在，布局未来。真正的职业发展必须从我们自身开始，负起责任、登高远望、做出取舍，持续地积累、发挥和维护我们的职场资本。

（三）职业生涯规划的基本内容

1. 职业生涯规划的基本分类。

职业生涯规划可以按照规划的对象和规划的时间进行分类。

1）按照规划的对象进行分类

职业生涯规划分为组织的职业生涯规划和个人的职业生涯规划。组织的职业生涯规划是由组织的人力资源管理部门根据组织发展需要而采取的一种现代管理工具，用以了解员工、激励员工从而发掘、留用优秀人才，其根本目的是组织的发展。个人的职业生涯规划，是指个人结合自身情况以及眼前的机遇和制约因素，为自己确立职业目标，选择职业道路，确定发展计划、教育计划等，并为自己实现职业生涯目标而确定行动方向、行动时间和行动方案。在任何社会、任何体制下，个人的职业生涯规划都更为重要，它是个人职业生涯发展的真正动力和加速器。本书中的职业生涯规划主要指的是个人的职业生涯规划。

(2)按照规划的时间进行分类。

按照规划的时间维度,职业生涯规划可以划分为近期规划、短期规划、中期规划、长期规划和人生规划5种类型。每种类型的时间长短没有硬性规定,个人可根据自身情况而定。

2. 职业生涯规划的基本原则。

1)清晰性原则

目标或措施应该清晰明确,实现目标的步骤应直截了当,各阶段的路线划分与安排,必须具体可行。

2)全程性原则

拟定职业生涯规划时必须考虑到生涯发展的整个历程,做全程的考虑,同时各阶段之间要有必要的联系。

3)一致性原则

主要目标与分解目标应该协调一致,目标与措施应该协调一致。

4)激励性原则

确定的目标应符合自己的性格、兴趣和特长,并能对自己产生内在的激励作用,促进自己努力去完成目标任务。

5)挑战性原则

目标或措施应具有挑战性,而不是轻易能达成的,而且应该具有一定的创新性。

6)实际性原则

实现生涯目标的途径有很多,在做规划时必须考虑到自己的特质、社会环境、组织环境以及其他相关的因素,选择切实可行的途径。

7)可评量原则

规划的设计应有明确的时间限制或标准,以便评量和检查,使自己随时掌握执行状况,并为规划的修正提供参考依据。

8)变动性原则

目标或措施是应具有弹性或缓冲性,个人的目标与他人的目标应具有合作性与协调性,能够随着环境的变化而作调整。

3. 职业生涯规划的基本要素。

职业生涯规划不仅与个体的主观因素相关,而且与个体周围存在的客观条件有着密切的关系。首先,职业生涯规划要切合个人的自身条件,尽力达到内外因素的最佳匹配。确定职业发展目标的关键是要人岗匹配,既不高攀,也不低就,并非收入越高、地位越高、权力越大的工作就是好工作。职业生涯规划要求个体根据自身的兴趣、特点，通过对自己的内在因素进行测评，挖掘自身的潜质，将自己定在一个最能发挥自己长处的位置，选择最适合自己能力的职业。

其次，职业生涯规划要充分利用周围存在的客观条件。职业生涯规划针对决定个人职业选择的主客观因素进行分析和测评，确定个人的奋斗目标并选择符合这一目标的职业。职业生涯规划就是要找到客观与主观的最佳匹配点，使外部优势充分支持内部潜质，内、外优势结合起来，创造发展平台，形成在职场打拼的强有力的核心竞争力。

综上，我们归纳出职业生涯规划的四个基本要素：知己知彼、抉择目标、行动规划和评估反馈。

1）知己知彼

《孙子兵法・谋攻篇》曰："知彼知己者，百战不殆；不知彼而知己，一胜一负；不知彼，不知己，每战必殆。"用在职业生涯规划中也是同理的，我们可以把"己"看作自身条件，把"彼"看作客观条件。知己知彼是职业生涯规划的第一步，是做好职业生涯规划的关键。

(1)知己，即探索自己的内心世界，了解自己的特性，对自身条件的充分认识和全面了解，包括自己的兴趣、能力、价值观、个性、性向，以及父母的管教态度、学校与社会教育对人产生的影响。

(2)知彼，即探索外在的职业世界，了解工作舞台的特性，对欲从事职业的环境、相关的组织等信息的有效掌握，包括职业的特性、所需的能力、就业渠道、工作内容、工作发展前景、职业的薪资待遇。

2）抉择目标

择业是否适当关系着一个人的前途。我们需要在知己知彼的基础上，再来确定符合现实、能充分发挥自己的专长和强项、自己有兴趣并且与环境相适应的职业目标等。对人生目标做出的抉择，是职业生涯规划的核心。

(1)职业抉择。职业抉择是指人们从自己的职业期望、职业理想出发，依据自己的性格、兴趣、能力、价值观等自身素质，结合外部影响因素，从社会现有的职业中选择一种适合自己的职业的过程。职业抉择的方法可以用到本书前面提到的职业生涯决策的方法：5W 法、SWOT 分析法、决策平衡法等。

(2)目标的设定。没有目标的人，都是在为有目标的人实现目标。通过职业抉择确定职业目标是职业生涯规划中至关重要的一步。职业生涯规划中所确立的目标包括终极目标（人生目标）、长期目标、中期目标和短期目标。目标的设定应该遵循一定的原则，常用的原则是 SMART 原则，在后文中会详细阐述。

3)行动规划

对职业生涯进行规划就好比在做一个项目的设计,在确定了职业生涯目标之后,要制定具体的行动计划,并逐步缩小差距,以实现各个阶段的目标。没有行动目标就难以实现,也谈不上事业的成功。行动规划是指落实目标的具体实施方案,应包括目标管理、时间计划管理等方面的内容,实施方案必须具体、可行、易评估。

4)评估反馈

俗话说:“计划赶不上变化。”影响职业生涯规划的因素有很多,绝大部分变化因素是难以预测的。在行动规划实施过程中,环境会变,个人的兴趣、能力、价值观也会变,这些变化可能会打乱人们原本制定的规划,使规划发生偏差。因此,要使得职业生涯规划行之有效,就必须不断地对职业生涯规划进行评估反馈。评估反馈要设定一个衡量规划是否成功的标准,及时诊断生涯规划各个环节出现的问题,找出相应的对策,对规划进行调整与完善。其内容可包括职业的重新选择、职业生涯路线的选择、人生目标的修正、行动规划的变更等。

二、我做职业生涯规划有依据吗——职业生涯规划的基本理论

职业生涯规划思想是经济发展、职业划分、技术进步、经济周期波动产生事业问题并带来一系列社会矛盾后,社会为解决就业问题而做出努力的产物。通过近百年的大量研究与不断发展,经历了从职业指导到职业生涯辅导再到生涯辅导的转变,目前已经形成了许多重要的理论和实践经验。

在前面的项目中,我们已经阐述过“霍兰德的人格类型理论”和“舒伯的生涯发展理论”,这里就不再赘述,仅做简单回顾和评价。

(一)霍兰德的人格类型理论

这个理论提出以后,就对生涯辅导产生了广泛的影响,它有助于我们对人格、兴趣类型及职业的分析、解释和评估。许多被广泛使用的测量工作都以霍兰德的人格类型理论为依据,包括他本人编制的自我探索量表。霍兰德的人格类型理论结构完整,清晰易懂,但也有一些局限的方面。例如,从长远和发展的眼光看的话,我们的人格、职业兴趣与职业环境都很可能发生变化,并且这些因素在相互适应中相互影响。另外,我们的职业选择除了受人格因素外,还与其能力、价值观、工作经验和教育背景等状况以及广泛的社会背景如家庭期望、社会需求、科技发展和经济兴衰等都有关系,我们在做职业生涯规划时应该全面综合考虑。

(二)舒伯的生涯发展理论

舒伯认为人的行为方向受到三种时间因素的影响:一是对过去成长痕迹的“审视”,二是对目前发展状况的“审视”,三是对未来发展方向的“展望”。这三种因素互相影响,过去是现在的成因,现在又是未来的基础。我们在做职业生涯规划时,对未来的时间透视能力较为重要,生涯彩虹图就提供了一个最佳的透视工具。舒伯是生涯辅导理论的大师,其生涯发展理论综合了差异心理学、发展心理学、自我心理学以及有关职业行为发展方向的长期研究结果,汲取了这四大学术领域中有关生涯发展的精华,构建了一套完整的生涯发展理论。其理论观点是现今生涯规划重要的理论基础,指导了目前生涯规划的具体实施。当然,它也有一些局限性:由于经济、社会和科技的高速发展,人类的寿命延长,终身学习观念不断被提出,所以,舒伯的生涯发展理论中关于中年期、老年期的角色与任务以及学习的因素与职业发展历程的关系等都有待进一步的研究和完善。

(三)帕森斯的特质因素理论

除上述两大理论外,这里再补充最早的职业辅导理论——帕森斯的特质因素理论,又称人职匹配理论。帕森斯的特质因素理论是由美国心理学家凯斯·帕森斯博士提出的一种心理学理论,他在《选择一个职业》中首次提出了这个理论,至今仍对职业辅导工作具有重要的指导意义,它是职业生涯规划检测的一种方式。

1. 特质因素论的理论观点。

特质因素论的基本假设是每个人都有自己的人格模式,每种人格模式的个人都有与其相适应的职业类型。所谓“特质”就是指个人的人格特征,包括能力倾向、兴趣、价值观和人格等,这些都可以通过心理测量工具来加以评量。它认为人格特质是由五个独立的因素构成,分别是神经质、外向性、友善性、责任感和开放性。神经质是指一个人的情绪稳定性和耐受性,它是一个人的心理调节能力的反映。外向性是指一个人的社交能力,它决定了一个人是否能够主动参与社会活动,以及能否很好地与他人沟通。友善性是指一个人面对他人的态度,也就是说一个人是否能够与他人建立友好的关系。责任感是指一个人的自律性,也就是说一个人是否能够坚持自己的承诺,并且做出正确的决定。开放性是指一个人是否能够接受新事物,以及是否能够客观地看待新的知识和信息。所谓“因素”,则是指在工作上要取得成功所必须具备的条件或资格,可以通过对工作的分析进行了解。将个人与职业相配,如果个人的特质与工作因素越接近,则个人成功的可能性也就越大。因此,该理论也可称为帕森斯的人职匹配理论。

2. 人职匹配的类型。

1）因素匹配

例如，需要有专门技术知识的职业与掌握该种技能和专业知识的择业者相匹配，劳动条件很差的职业需要有吃苦耐劳、体格健壮的劳动者与之匹配。

2）特性匹配

例如，具有敏感、易动感情、不守常规、个性强、理想主义等人格特性的人，易于从事艺术创作类的职业。

3. 职业规划的应用。

帕森斯提出了职业设计的三要素模式：其一，清楚地了解自己，包括性向、能力、兴趣、自身局限和其他特质等；其二，了解各职业必备的条件及所需要的知识，在不同工作岗位上所占的优势、不足和补偿、机会、前途；其三，上述两者的平衡。在进行人职匹配的过程中，一般要经历以下三个步骤。

第一步：了解自己，包括生理和心理特点（特性）。

通过心理测量及其他评测手段获得能力倾向、兴趣爱好、气质与性格等方面的信息，并对自己的家庭背景、学业成绩、工作经历等情况进行评价。

第二步：分析各种职业对人的要求，并搜寻有关的职业信息。

职业信息包括：职业的性质、工资待遇、工作条件以及晋升的可能性；求职的最低条件，诸如学历要求、所需的专业训练、身体要求、年龄、各种能力以及其他心理特点的要求；就业机会，等等。

第三步：人职匹配。

在了解自己特性和职业的各项指标的基础上，进行比较分析，选择一种既适合个人特点又有可能取得成功的职业。

4. 评价。

帕森斯的特质因素理论是一种有效的心理学理论，它可以帮助我们更好地理解和分析自己和职业的关系，它应用在职业选择和规划时，注重心理测量工具的使用，易于操作。但同时，测量工具本身很可能存在信度与效度的问题。而且，特质因素论强调理性的适配，忽略了感性因素在决策中的影响作用。因此，这种方法可作为参考，我们在做职业生涯规划时应该通盘考虑，灵活运用各种理论。

三、我该如何做职业生涯规划——职业生涯规划的方法和步骤

奥美互动全球董事长兼首席执行官布赖恩·费瑟斯通豪在《远见——如何规划职业

生涯 3 大阶段》就告诉我们，大多数的人都严重低估了职业生涯的长度，所以可能在进行职业规划的时候，只注重近期的一些东西。一个短期规划为 6 个月到 12 个月；中长期规划为 3 年到 5 年；长期规划为 5 年及 5 年以上。可是作者告诉我们，你的职业生涯有四十多年，那你怎么去规划你的职业生涯呢？

职业生涯规划是一个持续动态的过程。职业生涯规划是指根据个人情况及所处的环境，确立职业目标，选择职业通道，并采取行动和措施，实现职业生涯目标的过程。

（一）职业生涯规划的方法

1. 自行设计法。

自行设计法即根据各种职业生涯设计读物所展示的方法，进行自我测定、自我评价，从而把握职业方向。较常用的测评工具有以下几种。

1）性格自我测试

请参考项目二任务一的 MBTI 职业性格测验。

2）兴趣自我测试

请参考项目二任务二的霍兰德职业兴趣测验。

3）能力测试

请参考项目二任务四的职业能力测评。

4）职业素质测试

主要有工作动机测试、职业适宜性测试、职业选择测试、职业方向测试等。通过测试，可以了解自己的优势，并从事相关的工作。

2. 职业咨询预测法。

1）能力倾向测验

能力倾向测验包括普通能力倾向测验、特殊能力倾向测验、多因素能力倾向测验。能力倾向测验显示的分数可以预测被测人未来在工作上的成功表现。

2）职业兴趣测验

职业兴趣测验可以帮助个人明确自己喜欢在什么样的环境下工作。

3）人格测验

人格测验主要帮助个体明确职业与工作岗位是否与个人的人格特质相符合。

4）价值问卷

价值问卷主要帮助个体明确对工作以及生涯选择有关价值的看法。

5)生涯成熟问卷

生涯成熟问卷旨在为个人提供一个了解自我生涯发展状况,评估其中的不足,以便有针对性地进行调整的有效性参考。

(二)职业生涯规划的步骤

一份完整的职业生涯规划书主要包括以下五个步骤:自我评估、职业目标的设定、职业路径的选择、策略实施以及评估与反馈(见图 4-3)。

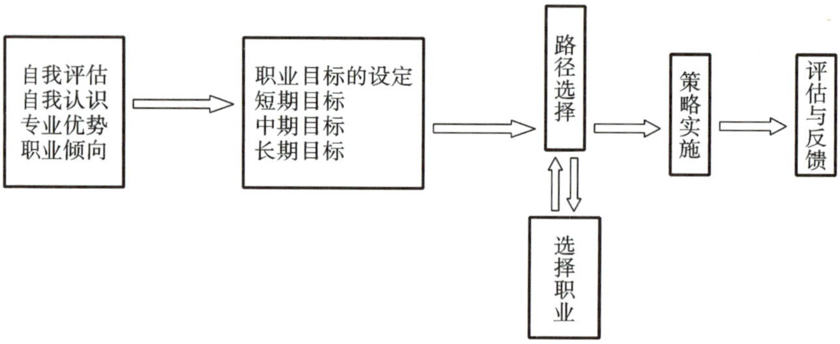

图 4-3　职业生涯规划的步骤

1. 自我评估。

自我评估是职业规划过程的第一步,对于大学生来说,主要是了解兴趣、性格、气质、价值观、能力等与本人相关的因素,以达到认识自己、了解自己的目的。由于我们自己能看到的"我"只是"自我"中很小的一部分,因此我们需要借助其他手段更加全面地了解自我,比如自我剖析、职业测试、角色建议等。

自我评估是职业生涯规划的基础,也是获得可行的规划方案的前提,其目的是认识和了解自己。要做好职业生涯规划,必须全面地认识自己。自我评估要客观、冷静,不能以偏概全,既要看到自己的优点,又要直面自己的缺点。俗话说"知己知彼,百战不殆",只有了解自己,清楚自己的优势与特长、劣势与不足,才能选定适合自己发展的职业生涯目标和职业生涯路线,才能避免设计中的盲目性,达到适宜的高度。

2. 职业目标的设定。

了解和认识自己是职业生涯规划的前提和基础,在自我评估的基础上,选择职业目标、明确自己的职业定位是个人职业生涯规划的一项核心工作。职业生涯目标的选择正确与否,直接关系到人生事业的成功与失败。

1)目标设定的原则

目标设定一般遵从 SMART 原则,它来源于管理大师彼得·德鲁克的《管理的实践》，具体指的是以下五个基本原则。

（1）具体的（specific）。目标一定要明确，一次只能聚集一个目标，如果目标太大，就要把目标分解成一个个清晰的小目标，要有明确的结果。目标清晰就是将结果图像化，将达到的目标能用一句话说清楚。目标有标准去衡量，还要有实现目标的计划。例如，目标——我要多背英语单词。这种对目标的描述就很不明确，可改为“我每天背 10 个英语单词”。

（2）可测量的（measurable）。可测量就是目标是否达成可以用指标或成果的形式进行衡量。在目标实现的过程中，目标的进度最好也是可以衡量的，至少有几个关键事件点来表示目标的实现的进度。在实现目标的过程中，对于完成目标的一些事务或关键事务是可以量化的。例如，目标——我要在三年内成为全公司业绩第一、绩效考核超过第二名 10%的员工，这就是可量化的目标。

（3）可实现的（attainable）。在付出努力的情况下可以实现，所谓“跳一跳，够得着”，避免设立过高或过低的目标。目标是基于自身条件的，千万不可脱离太多实际，有时，远大的目标会让人在实现目标的过程中迷茫和焦虑，如果有比较远大的目标，一定要把该目标分解成多个小目标。可实现还包括要分配一定的时间和精力，光制定目标，然后不能安排时间和精力或其他必要的资源，目标也不可能实现，切忌好高骛远。例如，目标——我要多背英语单词，如果改为“我每天背 50 个英语单词”，两天就是 100 个，三天就是 150 个，以此类推，不符合一般的记忆规律，很难实现。

（4）相关性的（relevant）或符合实际的（realistic）。这个目标与其他目标是相关联的；在职场中指的是与本职工作相关联的。例如，如果你想成为一名外贸人员，却在努力学习计算机技术的同时把英语搁置在一旁，最终计算机技术的成绩优秀，英语成绩却一塌糊涂，这样是不可能成为一名合格的外贸人员的。另外，如果仅凭个人感觉，没有考虑其他实际因素，那就属于典型的“拍脑袋”决策，不切实际。

（5）时间限制的（time-bound）。目标一定要有时间限制，否则，时间一长，新鲜感一过，目标就很难再继续下去了。如果没有具体的时间限制，目标形同虚设。例如，目标——在一年之内讲团队绩效提升 20%。没有时间限制的目标是没有办法进行考核的，所以，目标设置要根据任务的权重、事情的轻重缓急，拟定出完成各个目标项目的时间要求，定期检查各个项目的完成进度，及时掌握各个项目进展的变化情况，以便根据这些异常变化及时调整工作计划。

2）职业生涯目标设定的方法

常用的职业生涯目标设定的方法是时间分解法和性质分解法。

(1)时间分解法

按时间分解，职业生涯目标可以划分为短期目标、中期目标、长期目标及长远目标，如图 4-4 所示。

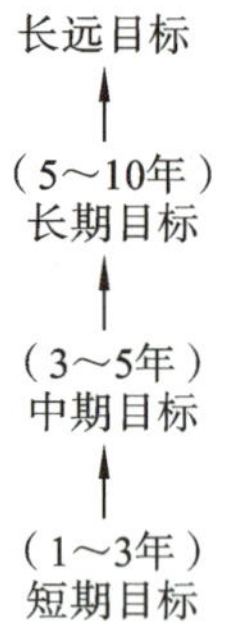

图 4-4　按时间分解的职业生涯目标

短期目标：一般为 1～3 年的目标，它是中期目标和长期目标的具体化，是实现中长期目标的必经之路，需要具备较强的操作性。

中期目标：一般为 3～5 年的目标，它既是制定和实施短期目标的依据，又是长期目标的重要组成部分。它具有指标量化，但又有一定的弹性，在整个目标体系中起到承上启下的作用，是长远目标能否有效实现的重点。

长期目标：一般为 5～10 年的目标，通常比较粗略，有较大的弹性，可能因为许多未知的因素而发生变化。

长远目标：一般为 10 年以上的目标，通常只有一个大概的方向和定位，作为短期目标、中期目标和长期目标实现的参照物。

(2)性质分解法。

按性质分解，职业生涯目标可以划分为内职业生涯目标和外职业生涯目标。

①内职业生涯目标。

内职业生涯是指从事一项职业时提升自身素质与职业技能而获取的个人综合能力、社会地位、价值观念及荣誉的总和。内职业生涯目标主要靠个体努力争取得来，它不随着外职业生涯的获得而自动具备，也不会由于外职业生涯的失去而自动丧失。内职业生涯目标侧重于个体自身因素，主要包括工作能力目标、心理素质目标、个人观念目标、内心感受目标等因素，各目标具体涵义如下。

ⓐ工作能力目标。

工作能力是对处理职业中各种问题的能力的统称，比如，能够和上级领导以及公司同事无障碍沟通的能力，大型活动的策划和组织能力，对自己所负责事务的研究、分析和汇报能力等。工作能力目标指在一定阶段内，通过现有的职务将工作做得更好。工作能力的提高可以使个体以更新的观念、更充足的知识进行工作，进而得到令人满意的工作结果。

ⓑ心理素质目标。

心理素质指的是在职业生涯发展过程中遇到障碍时，能够积极应对困难的心理态度、能够经受困难的心理承受力和坚信能够克服困难的信心。心理素质目标指的是经过训练、学习和调整，在职业生涯中能够经受住挫折，正确看待成功，能够做到临危不惧、宠辱不惊。心理素质目标非常重要，最终能够实现职业生涯目标的人和最终未能实现职业生涯目标的人的区别往往并不在于是否在实现目标的过程中遇到困难，而是在于心理素质的不同。前者认真寻找真正的不足所在，并努力学习掌握克服这些困难的方法；而后者根本没有找到不能实现职业生涯目标的阻力，或者虽然发现了一些困难，却没有找到合适的方法解决这些困难。

ⓒ个人观念目标。

观念主要是指对人、对事的态度和价值观。个人观念目标指个体在工作学习中要求自己逐步形成一种怎样的观念或态度。工作是一个人生命的投影，一个人的工作态度折射出人生态度，而人生态度决定了一个人一生的成就。一个天性乐观、对工作充满激情的人，无论从事什么样的工作，都会认为自己的工作是一份神圣的职业，并怀着浓厚的兴趣，不论遇到多少艰难险阻，都会奋勇向前。

ⓓ内心感受目标。

内心感受是指工作中由于发现和应用新的管理方法、创造新的业绩等而带来的内心收获和成就感。内心感受目标指的是在工作中朝有利于事业成功的方向积极努力，并用工作成绩收获新的、正向的心理感受。内心感受目标的正向强化会使个人在工作中的兴趣、成就感和努力程度不断提高。工作成果本身属于外职业生涯目标，但取得工作成果的内心收获和成就感则属于内职业生涯目标。

②外职业生涯目标。

外职业生涯指从事职业活动时的外在因素的组合及变化过程，是在职业生涯过程中所经历的职业角色（职位）及获取的物质财富的总和，它是依赖于内职业生涯的发展而增长的。外职业生涯目标一般比较具体，主要包括工作职务目标、工作成果目标、经济收入目标、工作环境目标等，各目标具体涵义如下。

ⓐ工作职务目标。

工作职务目标是指在自己所从事的职业上，某阶段内通过努力，使自己在职务上达到更高的水平。它主要包括两个方面：第一，是现有职务的职责、权力是否进一步扩大；第二，是职务晋升，一个人只有具备日常工作的能力，才能为其职务的晋升打下基础。因此，在制定职业生涯规划时，内职业生涯目标中的工作能力目标应优于职务晋升目标。

ⓑ工作成果目标。

工作成果目标是指在自己从事的工作岗位上，某阶段内要达到的具体工作目标、要完成的工作计划。例如，工作产品在数量和质量上的提高、销售量在数量上的提高、学者在研究成果上的成绩等。工作成果在一定程度上是直接衡量一个人职业成功与否的外在指标，工作成果目标的实现会增加人的成就感，对人的内职业生涯目标的实现有积极的正面作用。

ⓒ经济收入目标。

经济收入目标是指在某一阶段内，个人在工作岗位中薪酬上的增长和个人经济储蓄上的总收入目标。大学毕业生要敢于制定职业生涯的经济目标，但必须结合自身情况。

ⓓ工作环境目标。

工作环境目标是指在某一阶段内，工作硬件环境的改善状况。在更好的环境中，人们会带着更好的心情工作，对职业生涯目标的完成也有积极的作用。

内职业生涯目标与外职业生涯目标关系密切，但对个人职业生涯目标实现的作用有所不同。内职业生涯是真正的人力资本所在，提高内职业生涯而取得的工作成绩会转化为外职业生涯。内职业生涯的各个因素一旦获得，便成为人生的无价之宝。外职业涯目标的实现也可以促进内职业生涯目标的实现。职业生涯的内、外目标不是截然分开的，两者是相辅相成、相互促进的。但外职业生涯目标通常是由别人认可和给予的，也容易被别人否认和收回。因此，对于尚未毕业的大学生，或者初入职场的新人，建议把对内职业生涯各个因素的追求看得比外职业生涯的更重要。

3.职业路径的选择。

职业目标确定之后，就要选择和设计合理的职业生涯路径。职业生涯路径的选择是指个人在选定职业目标后，决定从什么方向、沿着什么道路去发展自己的职业生涯，实现职业目标。个人选择职业生涯路径时，在自我评估与职业目标选择的基础上，应依次考虑个人期望的路径、个人适合的路径、个人能够选择的路径等问题，最后综合选定自己要走的职业生涯路径。一个人的发展路线不同，对人的各方面条件的要求也不同。因为即使同一职业也有不同的岗位，有的人适合从事研究工作，成为一名专家学者；有的人适合搞管理，成为一名卓越的管理人才；有的人适合从事经营活动，成为一名经营人才。如果一个人不具有管理才能，却选择了行政管理路线，这个人就很难成就事业。这是职业生涯规划的关键一步。

1)职业发展路径的类型

职业发展路径一般分为以下五种类型：学术路径、行政路径、技术路径、管理路径和创业路径。不同的路径适合不同类型的人进行选择，也会影响职业目标的分解。例如，学术路线，如助教→讲师→副教授→教授；行政路线，如科员→副科→正科→副处→正处；技术路线，如助理工程师→工程师→高级工程师；管理路线，如助理→主管→经理→总监→副总经理→总经理；创业路线，如打工→学习→创业。

2)职业生涯路径的选择方法

职业生涯路径的选择是人生发展的重要环节之一。因此，在职业生涯规划中，须做出抉择，以便使自己的学习、工作以及各种行动措施沿着职业生涯路线或预定的方向前进。职业生涯路径的选择可以依据 CASVE 循环里分析阶段的思路，从以下三个方面考虑。

第一，个人想向哪一路径发展？主要通过对自己的兴趣、理想、成就动机等因素的分析，确定自己的目标取向，即自己兴趣是在哪一方面，最希望走哪一路径。

第二，个人适合向哪一路径发展？主要通过对自己的性格、特长、能力、经历、学历等因素的分析，确定自己的能力取向，若自己走这一条路线，是否具有这方面的特长和优势。

第三，个人可以向哪一路径发展？主要通过对自己所处的社会环境、政治与经济环境、文化环境、组织环境等进行分析，确定自己的机会取向，即内外环境是否允许自己走这一路线，是否有发展的机会。

职业生涯路径选择的重点是对生涯选择要素进行系统地分析：结合实际，综合考虑自己的个性、兴趣、价值观、能力和社会与经济环境等，权衡各方面因素再做选择。

4. 策略实施。

行动是职业生涯规划最为关键的环节，也是大学生职业生涯规划的意义所在。这里所说的行动，是指落实目标的具体措施，也就是告诉我们：大学这四年我们究竟应该学什么、做什么、提高什么。没有具体的落实行动，规划不过是“空中楼阁”。

大学阶段是重要的职业探索期，即扩大生涯空间与可能性。职业选择本身不是目的，关键是遵循或执行这个选择的行动。我们制定职业生涯规划，不是为了一份激情澎湃的规划书，而是为了得到一张实用的、易于操作的行动表。

奥美互动全球董事长兼首席执行官布赖恩·费瑟斯通豪在《远见——如何规划职业生涯 3 大阶段》中就提出职业生涯前 15 年的唯一目标就是为接下来的两个阶段打好基础。第一阶段不仅要有耐心，而且要不断行动，为之后收获果实播下种子。

5. 评估与反馈。

我们现在所处的世界，充满了易变性、不确定性、复杂性和模糊性，在我们的职业生涯发展进程中，很可能会出现“计划赶不上变化”的事情，这些不确定因素的存在可能会使实际结果偏离原来的规划目标，这就要求我们时时关注内部和外部环境的变化，不断评估和调整策略和目标。评估与反馈的详细内容会在项目六里进一步阐述。

四、我该如何撰写职业生涯规划书——职业生涯规划书的格式与要求

一份职业生涯规划书，包括了封面、目录、内容和附件等部分。封面是职业生涯规划

书的第一部分，也是读者对职业生涯规划书的第一印象。目录为职业规划书的撰写提供思路，帮助作者梳理职业生涯规划的逻辑性，使职业生涯规划书表达更加全面。内容既是规划书撰写的难点，也是规划书的重点。

（一）职业生涯规划书封面要求

1. 突出标题。

除了“职业生涯规划书”这个大标题外，还可以根据个人特点写上副标题。副标题要紧紧围绕目标职业，可以用一句话描述自己的职业愿景，例如：当社会学遇上新闻传媒——铁肩担道义，妙手著文章；天生我“财”，“经”世济用——我的财经主持梦。

2. 个人信息。

个人信息要求基本信息、职业目标清晰明了。基本信息包括姓名、年龄、专业、学校、职业最终目标、职业规划年限等方面。

3. 美化封面。

职业规划书的封面要突出职业目标和个人的风格，可以附上自己喜欢的标志、图片，封面设计整体要大方美观。

（二）职业生涯规划书目录要求

目录部分要有“目录”主标题，必须有一级目录，也可根据需要设置二级、三级目录，最好在计划书完成后使用“自动生成目录”，可以有效避免最终版的计划书目录没有更新。

目录是规划书正文前所载的目次，是为大纲反映规划顺序、指导阅读、检索步骤等，这个可以按自己喜欢的风格来列目录，也可以按照标准的描述方式。不过最重要的是醒目、有逻辑性、一目了然。

（三）职业生涯规划书正文要求

正文的内容要求条理清晰、逻辑严密、重点突出、层次分明，根据职业目标，结合自身实际和特点，科学运用测评工具，如实撰写职业生涯规划书。

1. 分析要到位。

要了解有关测评理论与知识，并能灵活应用测评工具，对自己进行检测，认真审视并思考测评报告，科学分析职业方向，为职业目标确定做铺垫。

2. 规划要科学。

职业生涯规划书要在科学分析的基础上制定。一是要有科学的自我评价体系，特别是自我评价的方法、标准和步骤等方面要科学和全面。二是要有连续、系统的职业规划，体现出个性化的同时符合规划书的逻辑性。三是要有评估与反馈机制，根据实施效果不断进行调整。

3. 资料要翔实。

可通过个别访谈、实地调查、图书摘录、网络下载等方式获取资料，多运用图表数据和自己的真实故事案例来阐述内容，以提高资料的可信度和说服力。

4. 设计要实证。

要根据职业规划有针对性地梳理及设计实习实践，通过实习实践来诊断规划的各个环节。实习实践要体现对规划的直接作用，如果仅选择做兼职、家教、促销员、业务员等，固然是一种实习实践，但是往往缺乏职业方向，造成注重了量的积累而忽视了质的要求，在实践方面的设计要与职业目标有一定的相关性。

5. 结构要紧凑。

语言朴实简洁，用词精炼准确，行文流畅，条理清楚，这是最基本的写作要求。撰写还应密切关注文章的结构和重心所在，不能头重脚轻，对规划内容进行分析阐述时，必须紧紧围绕职业目标这条主线展开，使行文结构紧凑，从而体现论述的逻辑性和连贯性。

课中实训

实训：制作职业生涯规划书

请根据前文所学，按照如下步骤和格式，为自己制作一份职业生涯规划书。

第一步　明确个人生涯愿景

第二步 自我认识

一、性格认识

二、兴趣认知

三、价值观认知

四、能力认知

五、自我认识与定位小结

第三步　职业认知

一、家庭环境分析

二、专业、行业、岗位分析

三、学校和就业环境资源分析

四、职业探索与认识小结

第四步　职业决策

一、职业决策平衡单分析

二、综合职业分析

三、职业决策小结

第五步　职业目标计划

一、职业发展总体路线

二、职业发展阶段目标

三、职业发展详细计划

第六步　计划路径评估与调整

一、职业目标调整方案

二、评估与反馈

三、备选职业

复盘反思

1. 知识盘点：通过对“职业生涯决策与规划”项目的学习，你掌握了哪些与职业生涯决策、职业生涯规划相关的知识？请画出思维导图。

2. 应用知识：本项目的学习对于你的生涯规划是否有意义？是否会影响到你的生涯计划和生涯发展？

3. 方法反思：本项目学习的“职业生涯决策的方法”和“职业生涯规划的方法”是否对你有用？在完成本项目学习和实训的过程中，你学会了哪些分析问题和解决问题的方法？

4. 行动影响：在完成本项目学习和实训的过程中，你认为自己还有哪些地方需要改进？

5. 素质技能自评表

使用说明：按评价指标评价项目素质技能成绩，优秀为 5 分，良好为 4 分，一般为 3 分，合格为 2 分，不合格为 1 分(见表 4-6)。其中，评价分为学生自评。

表 4-6　素质技能自评表

素质技能点评价指标	得分
信息素养能力	
分析能力	
独立思考能力	
反思能力	

注：①信息素养能力，指能够判断什么时候需要信息，并且懂得如何去获取信息，如何去评价和有效利用所需的信息；②分析能力，指在思维中把客观对象的整体分解为若干部分进行研究、认识的技能；③独立思考能力，指能用自己的眼光观察事物，用自己的头脑想问题，判断是非曲直，辨别美丑善恶，提出符合实际的见解；④反思能力，指能对自己的决策、行为、方法以及由此产生的结果进行审视、分析、调整的能力。

第二篇

职业生涯规划管理篇

实施生涯规划的常见阻力：目标设置不合理，制定目标的当事人缺乏执行力，目标实现的外在条件不具备或发生改变。要克服这些阻力，就需要设定好目标、制定好行动计划、做好时间管理等自我管理和及时评估与反馈等。所以，本书的第二篇职业生涯规划管理篇会以帮助读者克服这些阻力，为其能真正实施和落实自己的职业生涯规划提供技法和工具为目的进行展开。

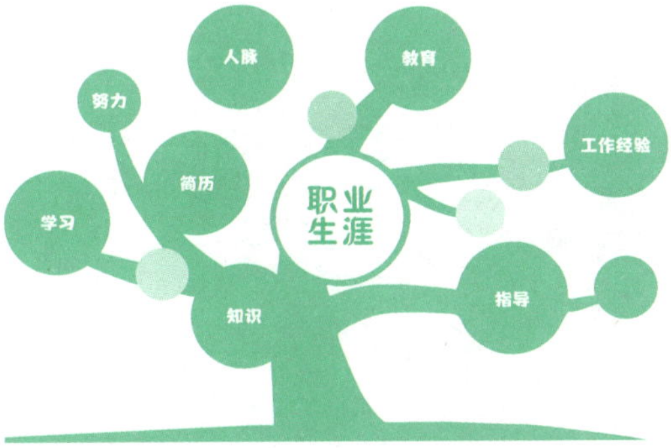

项目五　职业生涯规划实施与行动

学习目标

1. 了解职业生涯目标和行动计划的意义。
2. 理解职业生涯规划中目标管理、时间管理等的基本理论。
3. 掌握设定目标的方法、制订行动计划的方法，学会时间管理。

思维导图

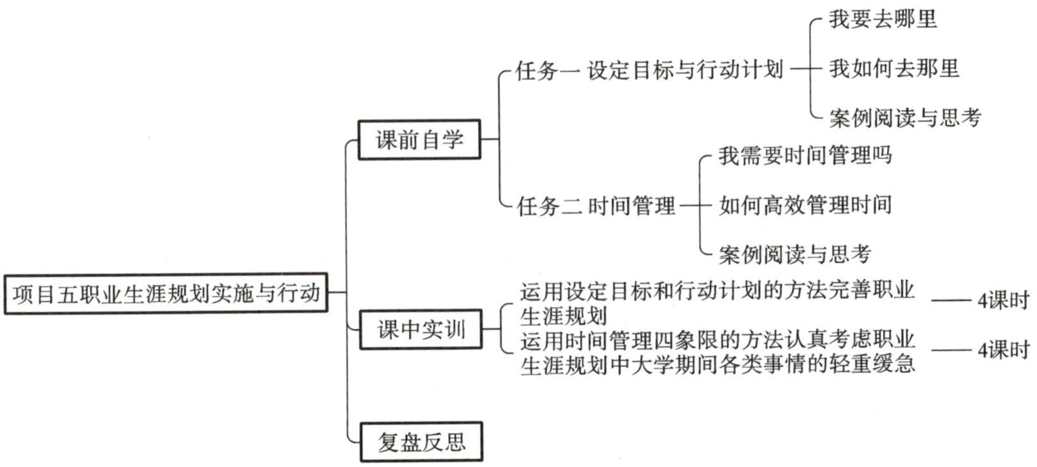

课前自学

任务一　设定目标与行动计划

一、我要去哪里——目标的重要性

人生道路上总会碰到障碍，但它们只是旅程的一部分。如果我们的人生没有任何目标，没有任何令人信服的人生理由，也没有动力，那么，在我们的人生道路上，最轻微的一点挫折就足以让我们一蹶不振。但如果我们有了目标，就等于有了前进的方向和动机，因为目标能给我们动力，帮助我们保持前进的动力。任何性质的成就，无论大小，最先总会有一个目标。设定目标主要通过我们的大脑进行。我们的意识通过一个想法设定目标，然后我们的潜意识执行指令，努力实现目标。

那些成功的人士都会有意识或无意识地学习把这种天生的心理能力发展成为取得个人成就的有力工具。1953 年，耶鲁大学对毕业生进行了一项调查，结果显示，全班只有 4%的学生为自己的未来设定了明确目标。20 年后，对 1953 年毕业班的成员再次进行了采访。调查发现，那些设定目标的 4%的学生在经济方面（这是最容易衡量的价值）积累的财富价值比其余 96%的同学加在一起的还要多。遗憾的是，无论背景如何，总人口中只有 3%～4%的人设定了奋斗目标，并为之践行，而 95%左右的人（几乎与那些没有设定目标的人相同）退休后依靠他人。这可能不是巧合——无论这意味着依赖家庭、朋友、慈善机构、公司，还是国家养老金，只有 5%左右的人口退休有足够的个人资源来养活自己：大约 2%的人继承了财富；另外 3%～4%的人是白手起家，他们曾经为自己设定了明确的奋斗目标。

请不要误以为设定目标只是为了物质或经济利益。设定目标是我们大脑工作的自然方式，这意味着，如果我们想要充分发挥潜能，过上美好的生活，我们在生活中的每一个领域和方面都需要以目标为导向。其实，每次我们有了一个想法并做出行动决定，都是在设定目标。例如，“我把活干完后就休息一下”就是一个轻松设定目标的实例。这是一个有意识地做出决定并设定目标的过程。如果有必要的话，还会延迟满足，直到目标实现。今天早上起床是我们已经实现的目标；上班、上学或待在家里是一个目标；读这本书也是一个目标。如前所述，我们一直坚持的任何想法都会自动成为潜意识服从的目标。实现目标不一定是目标设定过程中最重要的因素，但首先得有一个能带来最大动力的目标。有理由在早晨起床并努力学习和工作，是使生活体验变得有价值的一个主要方面。而且，为了追求某个目标，我们必须以某种方式成长为一个特定的人。正是这种成长——成为最好的你——最终创造出最佳的人生境况。

二、我如何去那里——设定目标和行动计划的实用方法

（一）设定目标的实用方法

管理大师彼得·德鲁克在《管理实践》中指出：不是有了工作才有目标，而是相反，有了目标才能确定每个人的工作。盲目的努力，是做无用功。工作努力固然重要，但是用正确的方法努力工作更重要。学会正确设置目标，找到真正的目标所在，比一味地去努力要更有意义。

提高正确设定目标的能力是未来成功的基础，有意识地设定目标是一种简单而深刻的心态与思维方式。设定目标不仅仅是一个方案，更是一个形成习惯的自律体系，随着时间的推移，它又升华为一种人生态度。很多人会意识到设定目标是必要的，而且有些人也有意识地尝试设定目标。著名心理学家查尔斯·斯奈德认为，最好的目标是那些可以实现又不那么容易实现的目标。为此，他提出了设定目标的“SMART 原则”，即我们设定的目标应该是具体的、可测量的、可实现的、相关性的、时间限制的。

但是很少有人会掌握正确设定目标的本领，这也是这节的内容，主要介绍三种设定目标的方法。

1. 以终为始目标法。

以终为始目标法，要求目标清晰，具体明确，能说得出来，而且说得清楚，最好是可以以图文的方式呈现出来，这样目标达成的可能性就非常之大。

打个比方，你现在要建一栋商业大楼。你就要考虑到地基怎么造，设计怎么做……这些任务要怎么分工，怎么安排你的人员。而高楼平地起，也得从低往上建，比如你不能在一楼还没建起来的时候，就开始砌十八楼的砖。依次建造，才能把高楼建起来。低层次的工作，是下一个层次的基础，基于第一次创造的终，是第二次创造的始。这就是以始

为终目标法。这个方法，适合结果确定性强的工作。

2. 里程碑式目标法。

里程碑式目标法，就是把一个大目标拆分为一个个小的目标。

两次夺得世界冠军的山田本一是日本著名的马拉松运动员。而他成功的秘诀就是在马拉松比赛中使用了里程碑式目标法。每次比赛之前，他都要乘车把比赛的路线仔细地看一遍，并把沿途比较醒目的标志画下来，比如第一个标志是银行；第二个标志是一个古怪的大树；第三个标志是一座高楼……40多公里的赛程，被他分解成几个小目标。

里程碑式目标法，通常可以采用两种模式。一是以工程的完成点作为里程碑，在每一个时间段，都交付相应结果。通过这样，可以提高信心、成就感。而这种成果的确定性，也可以让我们清晰地看到距离目标还有多远。二是以时间节点当做里程碑，将每个时间段的成果作为根据，这是对自我的激励，也是下一项工作的新起点。而里程碑式的累积，也会让成绩出发点越来越高，实现累计积累超越。里程碑式目标法，不仅将大项目分解为小目标，在市场环境日新月异的今天，还给予了我们足够的反应时间，以面对突发情况，保证总体进度的有序推进。

3. 七个人物法。

“七个人物法”是一个比较便捷而且可以快速地去定义人生目标的方法，它包括五个步骤。

第一步，写下一个榜样的名字：你想成为的人。

注意：这里边有一个界定，很多人会在这个问题上迷惑，就是榜样跟偶像的区别。偶像是你狂热地追逐，但你并不希望成为他的人，但榜样是你希望能够成为他的人。这是终生的追求，你很可能不能超越他的高度，但是他就像一个灯塔那样，始终在你的七个人物的首列，指引着你。

第二步，写下六个榜样的名字：根据高、中、低来划分层次。

高、中层次大概是你在五到十年左右就可能超越的人。他们可能就是一些能够接触得到的人，比如你的同学和老师。对初入职场或者职场十年左右的人来说，可能是公司的老板。这些人你能接触到，然后你能看得到他每天如何安排自己的时间、他把时间花在哪儿、他的知识和技能体系。低层次一般就是我们通常建议一到两年就能超过的人，比如你的上级。

关于六个榜样，我们可以给自己定个目标，多久达到低层次的榜样的水平，以此类推到高层次，都给自己一个明确的界限，这样在实现目标的时候也会更有动力。

第三步，写出七个榜样的硬本领，其实就是他们的核心竞争力，别人无法取代的能力。

分别写出这七个人的三个硬本领，然后把重复的硬本领标注出来，重复率最高的前三个其实就是我们需要修炼的硬本领了。

第四步，自我匹配。

将上述三个硬本领结合自己目前的发展阶段及实际需求，按你对该项硬本领的迫切程度重新排序。

第五步，根据第四步排序的结果，确定从现在起，你要修炼的硬本领（见图 5-1）。

七个人物法的绝招

请回答以下六个问题：
1.我希望成为这个人（榜样），他/它的名字是_________。
2.除了这个人以外，我还希望成为其他6个人，他/她们的名字是
_____、_____、_____、_____、_____、_____。
3.榜样1的硬本领有_____、_____、_____。
榜样2的硬本领有_____、_____、_____。
榜样3的硬本领有_____、_____、_____。
榜样4的硬本领有_____、_____、_____。
榜样5的硬本领有_____、_____、_____。
榜样6的硬本领有_____、_____、_____。
榜样7的硬本领有_____、_____、_____。
4.请你列举的硬本领按照从多少排列出来
（取前3名次）。

图 5-1　七个人物法

每半年，你可以评估一次这份名字列表。比如说，你提前超过了某个人就可以把他划下去，然后再换上新人。另外，重点提醒一下，一定要去界定一个性别，也就是要选择同性。例如，很多时候女性发展的人生不能像男性发展那样，还得兼顾一系列的事情。

4. 目标管理工具 OKR。

OKR（objectives and key results，目标与关键成果）是一套明确和跟踪目标及其完成情况的管理工具和方法，即目标与关键结果法（见图 5-2）。

图 5-2　目标与关键成果

OKR这套系统最初由英特尔公司制定，在谷歌成立不久，被风投家约翰·杜尔(John Doerr)引入谷歌，并一直沿用至今。除了Google以外，现如今有很多公司在使用，如国外的Facebook、Twitter、Linkedin等。而且，现在不仅国内很多知名的企业在使用，即便是个人，也在使用OKR目标管理器后，提高了工作能力，实现了升职、加薪，从而实现了个人的人生价值。

OKR能帮助我们聚焦最重要、最具有价值的目标，围绕这个目标开展自己的工作，然后想尽办法去执行，并完成目标任务。

(1)给目标设置优先级。比如你想通过业余时间减肥，但同时你又想学习英语、短视频制作等，其中每一项目标都需要花时间和精力，这时你只需判断当下哪个目标的实现对你来说，是最重要的，你就优先去实现这个目标。

(2)把时间花在重要的事情上。在职场中，很多人都有这个困惑，每天忙成狗，但盘点下来，好像一天没有做什么重要的事情。比如一个市场运营，目标是成交单量，但每天做的事情是：早会讨论1个小时；邮件处理30分钟；中途被领导找，又谈话30分钟；调研竞争对手资料还没有10多分钟，领导又让你看下新产品市场情况，并做一个反馈；一上午就这样过去了，你还没有围绕目标做出任何努力和行动。

例1。

O：2021年下半年体重减少10斤。

KR1：每天步行1万步。

KR2：调整饮食，每顿多吃青菜。

KR3：晚上8点以后不吃任何食物。

例2。

O：大力提升自身专业能力建设。

KR1：浏览全球管理、绩效、OKR相关书籍，每月至少五本。

KR2：持续参加美观教练相关课程学习(4月)。

KR3：参加顶尖商学院管理课程学习(12月)。

KR4：创作一本OKR故事书，提升大家的工作和生活效率(12月底)。

(二)制订行动计划

1.什么是计划？

计划作为动词(动作)时，其定义为：根据对外部与内部的分析、预测，提出在未来一定时期内要实现的目标并制定出实现目标的途径、方案的过程。广义上来说，计划是一个系统设计过程。按照系统理论的视角，如果把计划当做一个系统的话，它的组成要素主要包括以下几个部分：①预测外部环境变化；②认知个人或组织内部情况（包括：现状、所有可能动用的资源等）；③确定在未来一定时期内的目标；④制定并选择出实现目标的路径及方案；⑤反馈控制系统。那什么是目标呢？也就是个人或系统想要达到的结果。

计划能力几乎是一切行动能力的基础。有句话是这样说的：一旦你学会计划，你几乎可以实现任何目标。

2. 一个好的计划需要哪些要素？

一个好的实现目标的方案要素可以用 5W1H 六个方面来考虑。

（1）W：What（做什么）。

这件事情需要分为几个阶段来做，具体任务和要求，同时，要明确每一个时期的中心任务和工作重点。

（2）W：Why（为什么做）。

这件事情对于我们目标的达成的作用是什么，效果是怎样的，优势和劣势是什么？有没有可替代性？如何进行？

我们需要清楚，对于不正确的情况要及时更改，对于正确的情况要加强巩固。

（3）W：When（什么时候做）。

时间在任何计划中都是最重要的资源。规定计划中各项工作和完成的进度，以便进行有效的控制和对目标、能力及资源进行平衡。

（4）W：Where（在哪儿做）。

地点是执行的空间，了解计划实施的环境条件及限制，以便合理安排计划实施的空间组织和布局。人是极容易受环境影响的，天时地利人和，缺一不可。

（5）W：Who（谁做）。

谁负责，谁能帮你完成？评估是否能够胜任？是否按计划进度完成？如何监督控制？如何充分发挥主观能动性。其中，人是关键。我们需要用人的能动性来应对未来的不确定性。

（6）H：How（怎么去做）。

如何实现目标？首先，要找到那些成功的案例、榜样，从中找到方法及措施，然后分析论证，从而制定出自己的路径和措施。其次，找到你的老师、朋友给你一些意见，弥补自身的思维和认知的局限性，从而完善自己的系统。再次，建立系统，关键在于确定系统要素、系统要素之间的规则、系统的目的、控制反馈的机制。最后，还要记得不断地动态升级、迭代、优化你的系统。

3. 评估一个计划的七个要点。

具体评估一个计划方案是否合格，可以参照以下七个要点。

(1)具体：因为如果计划不具体，就会导致对方案不清楚、不明确，自然也就无法执行。要具体到战略可以理解，战术可以执行。

(2)可测量：因为如果计划不能测量，也就无法知晓进度，是否完成也就不可知。所以，在方案的制订过程中，要设置出可测的指标，用于反映具体的情况。

(3)能实现：一个不可能实现的计划方案，往往是没有任何意义的。可行性的分析也是确定方案的一个必要的流程。可以用概率来说明可实现的几率。

(4)有实现意义：因为有意义，所以才会去做。面对没有意义的目标，即使完成也是失败的。它要解决的是行动的心理动力问题，为什么要做这件事？

(5)有明确期限：凡事皆有时限，没有期限的目标永远都不可能完成。我们可以尝试通过使用进度条的方式控制进度，知道自己处于什么阶段。

(6)最优化：最优化原则，就是最大限度、高效地利用组织的人力、物力和财力等各种资源，以便实现目标的最终达成。

(7)可控性：不可控的方案势必是失败的。在这个过程当中，建立反馈机制是关键，进行定时检查、复盘是重点，如何进行及时记录与跟进是基础。

4. 制订计划。

当你设定好了职业发展的总目标、各阶段目标，为了保证其实施就需要根据这些目标制订行动计划。制订计划时，请参考如上的六个方面和七个要点。

制订计划的方式，你可以按照时间段制订计划。

(1)制订短期计划(1～2 年)。

短期计划是指从现在开始，你 1～2 年内要完成的目标以及相对应的能力、兴趣培养。

(2)制订中期计划(3～5 年)。

(3)制订长期计划(6～10 年)。

(4)制订长远计划(10～30 年)。

你也可以按照所处的每个阶段来制订行动计划。

(1)大学期间计划。

(2)读研期间计划(如有)。

(3)中期计划。

(4)长期计划。

对于长期计划，比如半年以上的计划，只需要确定一个宏观的框架就可以了；而针对月计划，就需要我们有明确的目标结果；而对于周计划和日计划，这些比较短期的计划，就需要我们细致地罗列出来，完成一项就勾选一项。

三、案例阅读与思考

"杂交水稻之父"袁隆平一生为"两个梦想"奋斗①

袁隆平，这位自称"90后"的中国工程院院士，一生都在为其广为人知的两个梦想——"禾下乘凉梦"和"杂交水稻覆盖全球梦"——不懈奋斗。

1930年出生于北平（北京的旧称）的袁隆平，年少时跟随父母颠沛流离，动荡的生活令他在心里埋下奋发图强的种子。1953年从西南农学院遗传育种专业毕业后，他被分配到湖南安江农校工作。"看到农村的贫穷落后，我是有点雄心壮志的，想要改造农村，为农民做点实事。"

当时人们普遍吃不饱的局面，让身为农业科技工作者的袁隆平感到自责，并深切体会到"民以食为天"的含义，这也让其"改造农村"的志向有了明确目标：解决粮食增产问题，不让老百姓挨饿。

水稻是湖南主要农作物。袁隆平自1960年开始进行水稻种植试验，从此为解决粮食增产问题持续奋斗了半个多世纪。

1966年，袁隆平在《科学通报》上发表论文《水稻的雄性不孕性》，正式提出通过培育水稻"三系"（即雄性不育系、雄性不育保持系、雄性不育恢复系），以"三系"配套的方法来利用水稻杂种优势的设想与思路，由此拉开中国杂交水稻研究的序幕。

1973年在第二次全国杂交水稻科研协作会上，袁隆平代表湖南省水稻雄性不育系研究协作组作了"利用'野败'选育三系的进展"的发言，正式宣布籼型杂交水稻三系配套成功。此后，杂交水稻先在湖南推广，后在中国遍地开花结果，水稻平均亩产也一路"飙升"。

1996年，原中国农业部提出超级稻育种计划。袁隆平领衔的科研团队通过形态改良和杂种优势利用相结合的技术路线，成功攻破水稻超高产育种难题，不断刷新亩产产量。目前，超级稻计划的五期目标已经全部完成，分别是亩产700公斤、800公斤、900公斤、1000公斤和1100公斤。第三代杂交水稻早晚双季稻平均亩产也于2020年在湖南衡南县突破1500公斤。

作为中国改革开放的见证者、践行者，袁隆平曾回忆说，"科学技术是生产力"的论断

① https://baijiahao.baidu.com/s?id=1700447233526688799&wfr=spider&for=pc

让“科学的春天”到来了，他最明显的感受就是科研经费逐年增多；同时，中国人民生活水平的不断提高给育种科研人员提出了更高要求，既要让大家吃饱还要吃好，吃出品质、吃出健康。

为此，由袁隆平领衔的超级杂交稻“种三产四”丰产工程从过去强调产量，向兼顾绿色优质目标转变。2017 年参与“种三产四”丰产工程的 30 多个品种中，优质稻占比超过 30%，其中不少品种的米质已经达到国家二级标准。

“禾下乘凉梦”和“杂交水稻覆盖全球梦”是袁隆平一生的梦想。前者是其真实梦境——他和助手坐在扫帚那么长的稻穗下乘凉。这一梦想随着不断高产的超级稻逐渐成为现实。后者则是希望超级稻走出国门。“全世界有一亿六千万公顷的稻田，如果其中一半种上了杂交稻，每公顷增产 2 吨，每年增产的粮食可以多养活 5 亿人口。”在袁隆平看来，发展杂交稻将会有效解决世界粮食短缺问题。

1979 年，袁隆平应邀在菲律宾首都马尼拉举行的杂交水稻国际学术会议上宣读论文，其题目是《中国杂交水稻育种》，这是中国杂交水稻研究取得的成果首次向国际社会公开。会议上，各国专家公认，中国杂交水稻的研究和推广应用已居世界领先地位。

3 年后，当袁隆平再次来到国际水稻研究所参加国际水稻学术报告会时，第一次听到了“杂交水稻之父”的称呼。当时，国际水稻研究所所长斯瓦米纳森博士对与会代表说，我们把袁隆平先生称为“杂交水稻之父”，他是当之无愧的，他的成就给世界带来了福音。

袁隆平曾说，他理解的“之父”是“创始者”的意思，这是一个很高的荣誉，既欣慰鼓舞，又很有压力，“给你这么一个荣誉，你就不能躺在功劳簿上，要继续努力”。从 1979 年首次“走出”中国，杂交水稻现已在全球数十个国家和地区进行研究和推广，在国外的种植面积已达 800 万公顷。

亿亩荒滩变良田，是袁隆平的又一个心愿。中国约有 1 亿公顷（15 亿亩）盐碱地，其中 2.8 亿亩可以开发利用。按照保守估计未来亩产 200～300 公斤计算，可年增产粮食数百亿公斤，多养活约 2 亿人。2020 年，由袁隆平领衔的青岛海水稻研发中心在全国示范种植海水稻面积扩展到 10 万亩，平均亩产稳定在 400 公斤以上，最高亩产突破 800 公斤。

“知识、汗水、灵感和机遇。”袁隆平曾向年轻人分享自己科研成功的“八字秘诀”。他说，年轻人正是充满梦想的时候，但是停留于做梦是不够的，要树立理想并努力为实现理想而奋斗，“我始终都在努力使我的两个梦想成真”。

【思考】关于设定目标与行动计划方面，袁隆平院士的故事给了你什么启示？这对你的职业生涯发展规划有什么启示？

任务二　时间管理

一、我需要时间管理吗——时间管理概述

猜一猜:它是什么?

世界上哪样东西是最长的又是最短的,

是最快又是最慢的,

是最能分割又是最广大的,

是最不受重视又是最值得惋惜的?

没有它,什么事情都做不成;

它使一切渺小的东西归于消灭,

使一切伟大的东西生命不绝。

答案很明显是时间。时间具有“无法失而复得”“供给毫无弹性”“无法蓄积”“无法取代”等特性,所以时间是特别珍贵的但经常不被大部分人理解和重视,也正因为如此,时间的浪费比其他资源的浪费就更为普遍,也更为严重。

因此,当人们无所事事,或者忙得晕头转向却不见成效时,应该暂时停下来审视一下自己的时间利用效率,审视一下自己在时间中所处的角色,寻找一条更为合适的途径,实现自己的目标,追求自己的人生价值。

(一)时间管理的含义

时间管理学者杰克·弗纳认为:时间管理就是有效地运用时间这种资源,达成个人或组织的目标。时间管理不是要把所有事情做完,而是更有效地运用时间。在管理时间过程中,除了要决定该做什么事情之外,还包括决定什么事情不应该做。时间管理不是完全的掌控,而是透过事先的规划,降低变动性。

“时间管理”探索的是如何减少时间浪费,以便有效地完成既定目标。由于时间所具备的四个独特性,所以时间管理的对象不是“时间”,它是指面对时间而进行的“自管理者的管理”。

时间管理就是时间投入与你想要的目标相关联，可以从两个维度进行比较：其一是时间消耗相同的条件下，看谁的产出最大化；其二是在产出相同的条件下，看谁消耗的时间最小。无论是国家、社会、组织、家庭、个人都要面对这个问题，各类主体都要想方设法实现以最小的代价或花费，获得最佳的结果。人类竞争的实质，就是在最短的时间内做最好的事情。人生最大的成功，就是在最短的时间内达成最多的目标。冠军只有一个，任何领先，都是时间上的领先。

从一般角度而言，时间管理主要是指个人的时间管理，分为两个角度：其一是科学地管理好时间可以增加生命的长度，也就是说有效管理时间，比别人更长地使用时间；其二是科学地管理好时间可以增加生命的厚度，也就是说有效管理时间，比别人更有效率地使用时间。如果将上述两者进行叠加，会使人活得更有意义，在某种意义上就延长了人的寿命。

在日常生活中始终如一、有的放矢地使用行之有效的方法，组织管理好自己生活的方方面面，最有意义、最大限度地利用自己所拥有的时间，这就是时间管理。时间管理不仅仅是工作的管理，也包含着业余时间的管理；不仅仅是在企业里的管理，同时也包含着家庭生活、业余时间、业余爱好的管理。也就是说，时间管理应该是包含着生活中所有时间的合理利用和支配。

（二）时间管理的重要性

很多人觉得时间不够用，每天工作忙得焦头烂额，没有一点头绪，这主要是因为没有科学的理论做指导，没有科学的管理方法，因此，学会时间管理显得十分重要。

1. 时间管理是走向职业成功的源泉。

成功的事业首先得益于成功的时间管理，善于管理时间是成功者的重要素质。时间管理方面的“低能”往往成为职业人士事业上进一步发展的“瓶颈”，其具体表现为精力匮乏、时间短缺、工作效率低下，职场失败，事业无成。在职场中，科学的时间管理能够帮助你：①提高办事效率，减轻工作压力；②提升个人工作成就感；③赢得比他人更多的发展机会；④适应不断变化的职场。

2. 时间管理是平衡事业、家庭、个人追求的需要。

学会时间管理，能够让自己更科学地分配时间，从而节约时间，把时间用于最重要、最有意义的事，比如学习进修，运动健身，休闲娱乐，与家人共处，与朋友小聚，从而使事业、家庭、个人追求达到平衡的状态。科学的时间管理使我们的事业、家庭、个人追求达到平衡。

3. 时间管理可以让生命更有质量。

时间是我们在世间唯一的资本，健康、事业、爱情、亲情、友谊、金钱，这些宝贵的东西都需要我们通过精心经营时间来获得。

正确的时间管理观念，应该涉及人生的七大领域，包括：健康、工作、人际关系、理财、家庭、心灵思考、休闲。如果时间分配得当，就能让人产生幸福感，让生命更有价值。

（三）时间管理的划分

对时间的划分决定了个人如何管理自己的时间。

第一种对时间的划分，是指时间花费在不同的事情上，分为：工作时间或学习时间、思考时间、家庭时间、休闲时间或个人时间这几个方面，具体内容如下。

1. 工作时间或学习时间。

时间用于工作或学习，称为工作时间或学习时间，它是为了谋求生存以及充实生活。学习是谋求生存前的准备，或者是工作时的进修，也是为了充实工作技能。工作是个体生命的一部分，活到老、学到老的终身学习观念已经来临，应运而生的是学习型个人、学习型家庭、学习型组织、学习型社会、学习型国家。学习的重要性、紧迫性与日俱增，每个人都必须抽出一部分时间来学习新知识、熟悉新事物、掌握新方法，只有这样才能立于不败之地。

2. 思考时间。

思考时间就是思考未来的时间，同时也叫发呆时间。思考时间可着重用在计划自己未来的发展，也可以思考以前自己所做的事情是否正确，是不是值得，有什么成功的经验，有什么失败的教训。人的一生一定要有思考的时间，这个时间可长可短，既可以是一年中的某一段时间，也可以是一天中的某一段时间，思考如何改进，思考进退得失，思考个人荣辱问题，思考方法论问题，如何再调整，如何让自己变得更好，可以天马行空地去想象，也可以胡思乱想。如果发现了一些好的想法，或者一些好的理念，就应该立刻把它记下来，总结经验，并付诸实施。

3. 家庭时间。

家庭是最佳的避风港，只有家人与你没有所谓的利害关系。你要跟家人真心地相处，不要到了需要家人时才回家，才懂得去珍惜亲情。家庭关系的培养至关重要，和家庭、亲人关系的培养如同储蓄，要经常存款，而不是经常取款，一个精神舒畅的家庭成员，才能以饱满的激情投入到工作中去。

4. 休闲时间、个人时间。

休闲时间包括休息时间、睡眠时间、体育活动时间和养生时间。人生就像马拉松比赛一样，不能一开始就猛冲，会透支甚至浪费了你的体力，要懂得放松，张弛有度，要养成一种良好的睡眠、饮食、休闲、养生以及运动的习惯，才能把自己的身体状况调整到最佳状态，使人生有渐入佳境的感觉。

个人时间是用来养精蓄锐的、充实自我价值的，是完全属于个人独自享受的时间。这个时间段可以搞一些个人的爱好，培养自己的美好情趣。每个人不论是求学还是工作，甚至在家里，都有一些不允许被侵犯的个人时间，利用这些时间人们可以充实自己，只有这样才是懂得生活的意义和存在的价值的。

另一种时间划分的类型，可以根据时间的用途将其划分为“投资”“消费”“浪费”3 个类型。这与对待金钱的方法是相同的。

1. 投资。

“投资”是指为自己的未来做一个规划，并计算在使之成型的过程中需要花费的时间，包括学习、实践、健康、交际等诸多方面。

以学习或工作为例，可以是制订短期学习计划、中长期规划、设定目标、精进专业技能、提升学习或工作效率、提出改善提案或计划书等。

以个人为例，可以是未来规划、自我管理、个人成长、家人和朋友聚会等。

2. 消费。

“消费”是指我们用于维持生活的时间，也可以说是为维持现状而花费的时间。例如，吃饭、睡觉、休息和转换心情等。

以学习或工作为例，可以是完成老师布置的作业、领导指派的任务、收集资料、撰写报告、准备会议、确认进度、安排行程、接待访客、来电或问询、联系、汇报、写报告、咨询、休息和聊天等。

3. 浪费。

“浪费”是指既非投资也非消费的时间，是我们在无所事事、漫无目的中度过的时间。例如，毫无目的的网络冲浪、不停收看网络视频节目或电视节目、暴饮暴食、过度熬夜等。

以学习或工作为例，可以是在课堂上睡觉，在电脑前假装工作（也就是网友们常说的“摸鱼”），形式化的晨会、学习会或其他会议，无人关注的会议记录或报告，毫无意义的加班等。

若我们对自己的时间不进行任何“投资”管理，我们就只能一直“维持现状”，甚至有可能“退步”。也就是说，即便我们想成为“成功人士”，但如果所有的时间都花在消费和浪费上，那就永远只能做一个“空想家”。值得注意的是，我们要做的并非消除所有“浪费”，在繁忙或疲惫的时候，我们也需要稍微休息或放松一下，松弛有度才能提高效率。只不过如果我们花费太多时间用于一些无目的、无创造性的事情，那就应该有意识地进行改善。将这些时间用于投资自己、投资未来，我们的职业未来会更有希望。

(四)时间管理的误区

1. 没有计划。

(1)由于目标中拟定假设的客观环境发生变动，计划与事实常常难以趋于一致，所以我们必须定期审查我们的目标与计划，做出必要的修正，寻找最佳途径。但如果是处于无计划的引导，则一切行动将杂乱无章，最终走进死胡同。

(2)有计划的人则是有意识地支配工作，处于主动的地位，并提高工作效率；没有计划的人只是消极地应付工作，处于受支配的地位。

(3)固然有些事情难以意料，但若过分地强调这一点，则有可能养成一种“做了再说”或“船到桥头自然直”的侥幸心理。

2. 时间控制不够。

很多人在时间管理上最大的恶习就是拖延时间，最后一事无成。在时间控制上容易陷入以下的陷阱。

(1)习惯拖延时间，成为拖延时间的人。

(2)不擅处理不速之客的打扰。

(3)不擅处理无端电话的打扰。

(4)泛滥的“会议病”困扰。

3. 整理整顿不足。

办公桌的杂乱无章与办公桌的大小无关，因为杂乱是人为的。“杂乱的办公桌显示杂乱的心思”是有道理的。让一个没有条理的人使用一个小型的办公桌，这个办公桌会变得杂乱无章，即使给他换一个大型的办公桌，不出几日，这个办公桌又会遭遇同样的命运。

当你的上司向你索取一份技术资料，你是否能在第一时间从容不迫地递给他？当你需要一份信息时，你是否能快速找到？

4. 进取意识不强。

“人最大的敌人就是自己”。有些人之所以能够让时间白白流逝而毫无悔痛之意，最根本的原因就是缺乏进取意识，缺乏对工作和生活的责任感和认真态度。如果我们一直处于迟钝的时间感觉中，换句话说，当你觉得时间可有可无，不愿面对工作中的具体事务，沉溺于“天上随时掉下大馅饼”的美梦，那就需要好好反省了，因为你随时在丧失宝贵的机会，随时可能被社会淘汰。

(五)时间管理的原则

1. 明确目标。

目标性法则是时间管理的基础。如果掌握了这个法则,你会发现自己的时间管理能力显著提升,像变了一个人似的,掌握时间的魅力与价值。目标的重要性以及如何制定目标已在前文阐述过,这里就不再赘述。

在修炼硬本领的路上,在追求人生目标的路上,我们总会遇到或大或小的挫折,通往成功的道路上向来不会一帆风顺。在遇到挫折的时候,有的人选择止步不前,满足于现状,渐渐地将人生目标和理想抛之脑后,而有的人选择从困境中挣脱出来,重新踏上征程。这就需要我们在遇到挫折,或者在达成一项小目标时,学会激励自己。自我激励法,是一种能够让你持久有效地坚持住,把一件事情做长、做扎实的重要方法。它包括三个方面:自己激励自己,靠物质奖励激励自己;他人激励自己,寻找榜样,每天通过看他人的日志以及一天安排,来激励自己;自己激励别人,成为别人的榜样,接受舆论监督。

2. 有计划、有组织地进行工作。

所谓有计划、有组织地进行工作,就是把目标正确地分解成工作计划,通过采取适当的步骤和方法,最终达成有效的结果。通常会体现在以下五个方面。

(1)将有联系的工作进行分类整理。

(2)将整理好的各类事务按流程或轻重缓急加以排列。

(3)按排列顺序进行处理。

(4)为制定上述方案需要安排一个考虑的时间。

(5)由于工作能够有计划地进行,自然也就能够看到这些工作应该按什么次序进行,哪些是可以同时进行的工作。

究竟该怎样制订计划呢?大致的步骤如下。

(1)确立目标。

(2)探寻完成目标任务的各种途径。

(3)选定最佳的完成方式。

(4)将最佳途径转化成月、周、日的工作事项。

(5)编排月、周、日的工作次序并加以执行。

(6)定期检查目标的现实性以及完成目标任务的最佳途径的可行性。

3. 分清轻重缓急。

时间管理的核心就是分清事情轻重缓急,排列它们的优先顺序。具体的方法详见后文中的四象限法则。

4. 合理地安排时间。

按事情的“重要程度”编排行事优先次序的准则是建立在“重要的少数与琐碎的多数”的原理的基础上。避免将时间花在琐碎的多数问题上，因为就算你花了80％的时间，你也只能取得20％的成效。所以，你应该将时间花在重要的少数问题上，因为掌握了这些重要的少数问题，你只需花20％的时间，即可取得80％的成效。

掌握重点可以让你的工作计划不会产生偏差。一旦一项工作计划成为危机时，犯错的概率会增加。虽然我们很容易陷在日常琐碎的事情处理中，但是有效进行时间管理的人，总能确保最关键的20％的活动具有最高的优先级。

5. 与他人的时间取得协作。

任何人类的组织，不论大小，都有其周而复始的节奏性、周期性。我们作为社会或者团体组织中的一员，毫无疑问地要与周边部门或人发生必然的联系。在这种情况下，我们需要互相尊重对方的时间安排，也就是说要与他人的时间取得协作。

认清并适应组织的节奏性与周期性是成功的要素。例如，当我们需要到某一部门去参观学习，需要提前与该部门人员进行预约，双方共同达成一个有关时间、地点、人员安排等的约定，否则，突如其来的打扰会令对方措手不及，甚至有可能将你拒之门外。

6. 细化时间安排。

你可以通过“列时间清单”或者“写时间日志”的方式细化时间安排。

二、如何高效管理时间——时间管理的实用方法

时间管理包含两个方面：其一是提升工作效率，其二是提高时间质量。换言之，就是我们是否将时间花在了真正重要、真正有价值的事情上？

（一）提升工作效率的方法

关于提升工作效率的方法，就是这节首先要阐释的时间管理工具。该工具是时间的产物，也是经验习得的一个总和，有些工具已经通过时间的积累有了价值，且已经设置好了，你只需要根据自己特定的习惯去改动。

时间管理有很多种方法，而GTD(getting things done)就是其中一套行之有效的方法，也是现在最受欢迎的方法。GTD翻译成中文就是“把事情做完”。GTD的核心理念概括就是：“通过记录的方式把头脑中的各种事情移出来，然后整理安排自己去执行。”

GTD 的核心步骤分为五步：收集、处理、计划、执行、回顾（见图 5-3）。

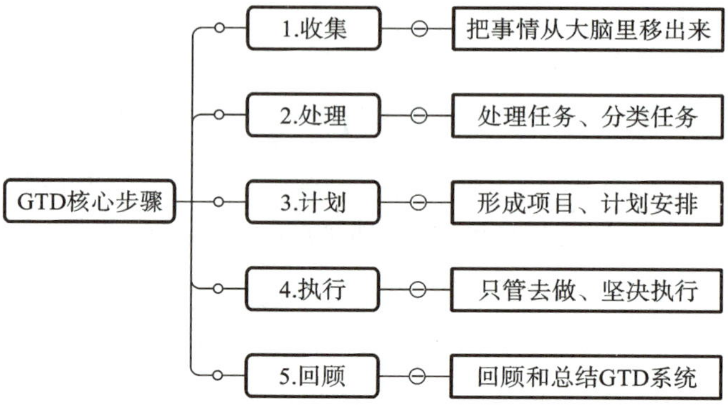

图 5-3　GTD 的核心步骤

1. 收集——收集记录。

虽然人的大脑能储存很多东西，但是有限的，不要相信某事情发生后过了一段时间你还能记得。俗话说：好记性不如烂笔头。在现代社会，“笔”可以引申为各种记录工具，比如手机备忘录。平时有什么信息、任务、想法和灵感等要在忘记之前用工具记录下来，使用的工具要尽可能的方便、易用。

2. 处理——处理分类。

只有及时处理信息或事件，对其及时做出决定和归纳成类，我们才能避免信息的堆积和碎片化。处理信息或事件时，可以采用两分钟法则和四象限法则。

（1）两分钟法则主要用于应对突发的事件。我们在执行计划的过程中很有可能有突发的情况发生，不处理会担心有问题，处理了又担心影响了原有计划。两分钟法则是指如果我们在整理和收集信息的过程中，预估两分钟之内就能把这个事情完成，就不要坚持把原有计划执行完再去处理这个事情，当即处理完成即可。

（2）四象限法则是时间管理理论的一个重要方法，即有重点地把主要的精力和时间集中地放在处理那些重要但不紧急的工作上，这样可以做到未雨绸缪，防患于未然。在人们的日常工作中，很多时候往往有机会去很好地计划和完成一件事。但常常没有及时地去做，随着时间的推移，造成了工作质量的下降。因此，应把主要的精力有重点地放在重要但不紧急这个“象限”的事务上。这需要较好地安排时间。四象限法则是把工作按照重要和紧急两个不同的程度划分成四个“象限”：既紧急又重要、重要但不紧急、紧急但不重要、既不紧急也不重要（见图 5-4）。这四个象限的划分有利于我们对时间进行深刻的认识及有效的管理。

①第一象限是又紧急又重要的事。

这一类的事情具有时间的紧迫性和影响的重要性，无法回避也不能拖延，必须优先

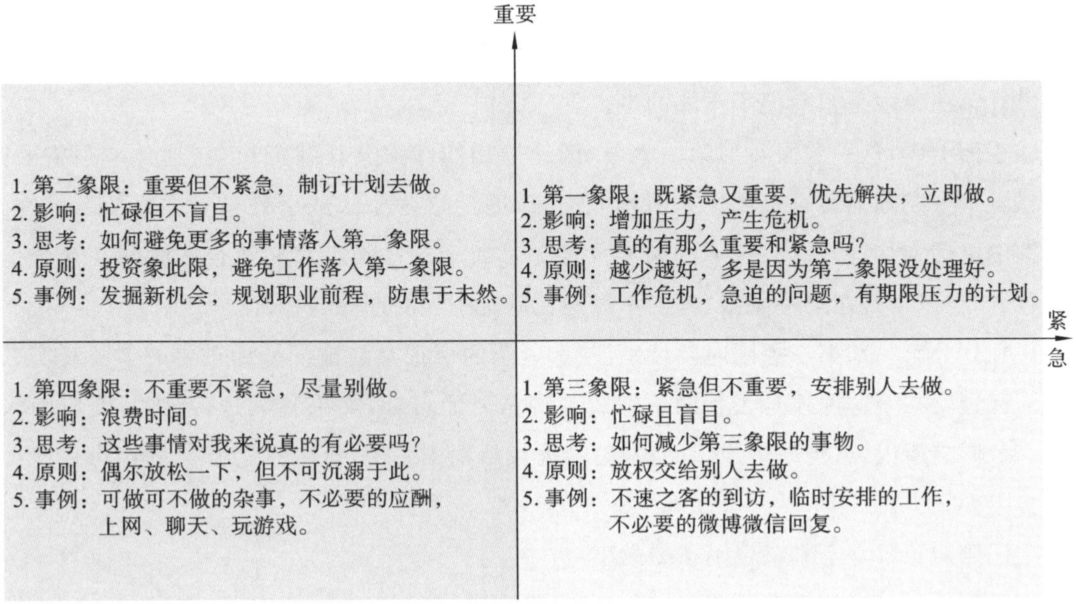

图 5-4　四象限法则

解决。它表现为重大项目的谈判、重要的会议工作等。处理这类事情，首先要有准确的判断能力，确定是既紧急又重要的事情，然后优先处理。但我们也不能忘记，很多重要的事都是因为一拖再拖或事先准备不足，而变得迫在眉睫。所以，这类事情应该越少越好，建议分配20%的精力在此类事务上。

②第二象限是不紧急但重要的事。

第一象限和第二象限难以区分，第一象限对人们的欺骗性是最大的，它很紧急的事实造成了它很重要的假象，耗费了人们大量的时间。依据紧急与否是很难区分这两个象限的，要区分它们就必须借助另一标准，看这件事是否重要。也就是按照自己的人生目标和人生规划来衡量这件事的重要性。如果它重要就属于第二象限的内容；如果它不重要，就属于第一象限的内容。

第二象限主要与生活品质有关，包括自我成长、长期规划、问题的发掘与预防、参加培训、学习一个新的工作技能、阅读、健身等。这些事情对我们的影响很深远，但是因为不紧急，所以容易被忽视，一次次往后拖。重要不紧急的事，一次两次不做，看不出有什么影响，然而从长远看，就是这一次次的叠加，才带来了质的变化。不是跑了一天步就有了肌肉，不是看了一本书就突然获得智慧，但是我们的提升和变化却离不开这每一公里、每一本书。给它们预留出时间，不要低估每一天的微小投入。

而且，荒废这个领域将使第一象限日益扩大，使我们陷入更大的压力，在危机中疲于应付。反之，多投入一些时间在这个领域将有利于提高实践能力，缩小第一象限的范围。

做好事先的规划、准备与预防措施，很多急事将无从产生。这个领域的事情不会对我们造成催促力量，所以必须主动去做，建议分配60%的精力在此类事务上。

③第三象限是紧急但不重要的事。

表面上看，这一象限类似第一象限，因为迫切的呼声会让我们产生“这件事很重要”的错觉——实际上就算重要也是对别人而言，因此这一象限的事件具有很大的欺骗性。无谓的电话、临时的会议、突来的访客大部分都属于这一类。我们花很多时间在这个里面打转，自以为是在第一象限，其实不过是在满足别人的期望与标准。

在划分第一和第三象限时要特别注意，紧急的事很容易被误认为重要的事。其实二者的区别就在于这件事是否有助于完成某种重要的目标，如果答案是否定的，便应归入第三象限。所以，这类事情应该越少越好，放权给别人去做，建议分配15%的精力在此类事务上。

④第四象限是不紧急也不重要的事。

第四象限的事件大多是些琐碎的杂事，没有时间的紧迫性，没有任何的重要性，比如刷手机、聊八卦等。我们往往在第一、第三象限来回奔走，忙得焦头烂额，有时不得不到第四象限去疗养一番再出发。这部分内容倒不见得都是休闲活动，因为真正有创造意义的休闲活动是很有价值的。然而，像阅读令人上瘾的无聊小说、毫无内容的电视节目、办公室聊天等，这样的休息不但不是为了走更长的路，反而是对身心的毁损，刚开始时也许有滋有味，到后来你就会发现这些没有意义。所以，这类事情可以当做休养生息，但不能长期沉迷在其中，建议分配5%的精力在此类事务上。

总的来说，事情有很多，但不可能每件事都面面俱到。分清事情的轻重缓急，要事第一，这是第一要义。把重要的事情放在第一位，你需要知道：什么是重要的？价值观不同，对事情重要性的判断不同，这在于你想成为什么样的人。不妨问问自己以下两个问题。

有一件事，如果干得特别出色而坚持下去，就会对自己的生活产生积极地重大影响，那是什么？

有一件事，如果干得特别出色而坚持下去，就会对你的职业生涯或工作产生积极地重大影响，那是什么？

那么现在，不妨回顾一下上周的学习、工作与生活，我们在各个象限花的时间是多少？哪个象限花的时间最多？

3. 计划——计划安排。

除了既有的日程安排外，可以设定每日、每周、每月、每年你需要完成的重大事件，把他们排进日程表。

每天要做的事件采用三只青蛙理论，前天晚上睡觉前设定第二天最重要的三件事，起床后就可以开始着手这三件事了（同理可用于每月的“三只青蛙”、每季度的“三只青蛙”、每年的“三只青蛙”）。

每周要做的事采用21天效应，一件事只要坚持21天就能习惯成自然，成为一种习惯。每月要做的事采用日历行程表的方法，将每月要做的事排进日程表，如图5-5所示。

要养成的习惯：						
Day1	Day2	Day3	Day4	Day5	Day6	Day7
□	□	□	□	□	□	□
Day8	Day9	Day10	Day11	Day12	Day13	Day14
□	□	□	□	□	□	□
Day15	Day16	Day17	Day18	Day29	Day20	Day21
□	□	□	□	□	□	□
完成后的奖励：						

图5-5　21天日程表

每年要做的事采用愿望清单法，让自己每年都有收获和进步，如图5-6所示。

□ 1、 □ 2、 □ 3、 □ 4、 □ 5、	□ 1、 □ 2、 □ 3、 □ 4、 □ 5、	□ 1、 □ 2、 □ 3、 □ 4、 □ 5、
健康		财务
□ 1、 □ 2、 □ 3、 □ 4、 □ 5、	——年 愿望清单	□ 1、 □ 2、 □ 3、 □ 4、 □ 5、
事业	家庭	社交
□ 1、 □ 2、 □ 3、	□ 1、 □ 2、 □ 3、	□ 1、 □ 2、 □ 3、

图5-6　愿望清单法

4. 执行——坚决执行。

执行是 GTD 中最关键的一步，也是成功与否的关键，执行时你应当在不分心的情境下，一次只执行一件事，既不要多线工作，也不要让你的工作突然中断。可以采用番茄工作法，选择一个任务工作 25 分钟，然后休息 5 分钟。每周记录总结番茄任务完成的数量（见图 5-7）。

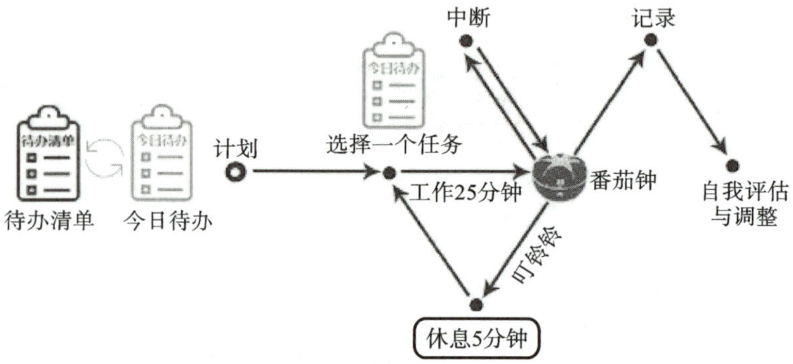

(a)

星期一		
任务	番茄数	突发事件
1、	☑ ☑ ☑ ☐ ☐	
2、	☐ ☐ ☐ ☐ ☐	
3、	☐ ☐ ☐ ☐ ☐	
	☐ ☐ ☐ ☐ ☐	

(b)

图 5-7　番茄工作法

5. 回顾——回顾检查。

可以采用一周回顾一次：对长期目标、中期目标和短期目标进行回顾，对工作和其他事情进行回顾，看看哪里做得不好，需要改进，并重新做出调整计划。这样能将计划更有效地进行，更加合乎工作程序的逻辑。

要熟练使用 GTD，我们一定要学会先给事情排优先级，再按优先级把事情放进收藏夹。这就是我们常说的“要事第一”，也是史蒂芬·柯维在《高效能人士的七个习惯》的书里说的七个习惯之一。

（二）如何提高时间质量

关于提升时间质量，我们可以从以下两个方面进行思考：①是否有收获？②身心是否都处于良好的状态？

第一个方面，是否有收获？无论我们如何善于管理时间，若没有任何收获或效果，那么这段时间就过得毫无意义了。有时，甚至会出现单纯以管理时间为目的的情况，实际上这就是本末倒置了，因为时间管理的最终目的还是通过提高学习或工作效率取得成果，而不是为了管理而管理。

那么，为什么良好的身心状态，也就是第二方面很重要呢？因为压力过大、过度紧张、散漫等都会影响你的工作效率，降低你的时间质量。所以，下面将从四个情景和状况入手，分析破解之法。

1. 过度紧张怎么办？

无论是在学校还是职场，我们都有第一次：第一次接手的事情很可能找不到能供参考的过往案例和相关信息，既没人可以商量，又没有同道伙伴，你还告诉自己因为这是第一次不容失败。面对这样的处境，不论是谁都会心浮气躁，感到压力巨大，从而陷入过度紧张的状态，最终很可能导致思维受阻、行动停摆。退一步来讲，就算情况没这么糟糕，很多习惯多思的担忧型人也会瞻前顾后，担心“能否一切顺利”“不会失败吧”等，并陷入过度紧张的状态。

人在过度紧张的状态下，就如同一台死机的电脑，变得止步不前，那么久拖不决的工作自然也就随之增多了。经常感到紧张的人可以有意识地采取行动缓解紧张，这会让我们的工作更有效率。

缓解紧张最简单且行之有效的方法，就是“闭目 1 分钟”。只要阻断眼睛接触信息，就能减轻大脑的负担、缓和紧张感。一项研究数据显示，人类大脑 83％的信息是通过视觉获取的。一旦眼睛接收到过量的信息，大脑就会变得不堪重负。此外，诸如深呼吸、喝几口水等方法，也对缓解紧张有奇效。所以，紧张程度是可以自己控制的。

2. 太过散漫怎么办？

“过度紧张是阻碍高效工作的一大原因”，其实反之亦然，太过散漫也是一样。例如，面对单纯的机械作业且没有进度要求，做不好也不会影响其他人时，我们很容易就会进入拖延状态。此外，在大学里，没有了父母的约束，很多人会因精神松懈而变得自由散漫。

此时，我们应为自己制造“适度的紧张感”。制造适度紧张最有效的方法，就是不断提醒自己“我被其他人期待着”。心理学上有个“皮格马利翁效应(Pygmalion effect)”，指的是一个人越是受人关注，越会被期待成为一个“了不起”“必定会成功”的人，就越可能取得如他人所期待的成绩。研究表明，即便这种期待和关注只是一种自我认定，也同样能够产生效果。换言之，当自己觉得“我正被众人期盼、许多人都在关注我”时，就会产生适度的紧张感，从而让自己更具行动力，这听着似乎是不可置信，却是不容否认的事实。

所以，偶尔也要为自己施一点压。

3. 沮丧、受挫怎么办？

当你付出了努力，而没有得到想要的结果，感到沮丧时，不妨试试目标转换方式，用行动目标来代替结果目标，或许就能大大减轻压力和焦虑，让后续的行动更有效果。

结果目标可以让我们时刻维持紧张感，预防自我膨胀。在一切顺利的情况下，我们可以偏重于结果目标，因为这会激励我们更加努力。但如果身处逆境，或由于一些外部原因导致目标无法达成时，那么过分关注结果目标就只能徒增压力和焦虑，让人不想再继续努力。

行动目标无关成果、结果，只要完成自己事先决定的计划即可，所以失败的可能性也就小了很多。行动目标可以是“每天打 30 个电话”“每天拜访一位老客户”或“每周向目标客户发出 20 封直接邮件(direct mail)”。

举以下具体例子(结果目标→行动目标)来说明：

①完成企划案→尽量完善企划案；

②夏天到来前减掉 5 公斤→每天早上跑步 30 分钟；

③每天更新博客→写出 3 个新博客标题；

④打扫房间→扔掉 10 件不用的物品。

关注行动目标并取得一定的成果后，就需要再次关注结果目标。如果眼里只有行动目标，我们的工作就会陷入僵局无法前进。所以，可以分别设定“行动目标”和“结果目标”，并视具体情况做出调整。

4. 陷入自卑无法自拔怎么办？

人们很容易产生比较心理，从而陷入自卑、焦虑、压抑等心理状态而影响工作效率，这时候我们需要集中精力关注自我成长，只要明白自己和过去相比成长了多少，如告诉自己 5 次能成功 1 次就很了不起了。

除此之外，我们要学会“俯瞰”，站在一个更高的角度来看待自身的情况。学会“俯瞰”后，我们就可以淡然看待眼前的结果，不会忽喜忽忧，而是将其视为宝贵的人生经验。

三、案例阅读与思考

案例一：跨国企业 CEO 管理时间的智慧。

你每天都忙得不可开交吗？总觉得时间不够用吗？不妨来看一看一些跨国企业的 CEO 管理时间的智慧。

1. 时间需要"计划"。

惠普公司的前任总裁格拉特把自己的时间划分得清清楚楚，他花20%的时间和客户沟通，35%的时间用在会议上，10%的时间在电话上，5%的时间在看公司的文件上，剩下的时间用在和公司没有直接或间接关系，但却有利于公司的活动上。例如，接待记者采访，预备商界共同开发的技术专案，或者总统召集他们参加有关贸易协商的咨询委员会。当然每天要留下一些空档的时间来处理那些突发事件，如接受新闻界的采访。

2. 巴菲特拒绝例会。

一些成功人士在确定大原则时，会把最宝贵的时间用在最值得做、对公司有利的事情上。被华尔街分析师誉为"时间管理大师"的沃伦·巴菲特说："时间管理的精髓就是，不值得做的事，就不值得把它做好。"

1965年，巴菲特开始担任伯克希尔哈撒韦公司的CEO，43年来，他从不浪费时间开会。巴菲特接受美国媒体采访时说，尽管公司旗下拥有63家企业，但他从不召开例行性会议。他每年只简单地写一封信，告诉这63家企业的总裁和CEO今年的营运目标是什么，以及"千万别让公司的股东们赔钱"。

3."开会**45**分钟"原则。

吉姆·当诺任星巴克总裁兼CEO期间，找到了一套聪明且有效的办法，让他在每日忙碌的工作中，可以利用片刻时间静下心来思考。

他要求秘书在安排会议时，以一小时为原则。但他会让会议在45分钟内结束，因为剩下来的15分钟，他要思考开会的内容，并确认各项信息。"开会45分钟"的原则，已让他每周多出了8小时的宝贵时间。根据星巴克内部的计算，如果公司高层都能遵守45分钟的开会原则，节省下来的时间可为公司创造1200万美元的效益。

思考：以上案例中这些跨国企业的CEO或总裁给你了哪些启示?

点评：事业上取得卓越成绩的人更证明了时间管理的重要价值，他们清晰地向我们诠释了"时间就是效率""时间就是金钱""时间就是生命"的真理。只有善于利用的时间的人才能将时间变成效率、变成金钱、变成丰硕的成果。

案例二：演示实验。

教授在桌子上放了一个装水的罐子，然后又从桌子下面拿出一些正好可以从罐口放进罐子里的"鹅卵石"。当教授把石块放完后问他的学生："你们说这罐子是不是满的?"

"是。"所有的学生异口同声地回答说。

"真的吗?"教授笑着问。然后教授又从桌底下拿出一袋碎石子，将碎石子从罐口倒下去，摇一摇，再加一些，再问学生："你们说，这罐子现在是不是满的?"这回他的学生不敢回答得太快。最后班上有位学生怯生生地细声回答道，“也许没满”。

“很好！”教授说完后，又从桌下拿出一袋沙子，慢慢地倒进罐子里。倒完后，他再问班上的学生：“现在你们再告诉我，这个罐子是满的呢？还是没满？”

“没有满”，全班同学这下学乖了，很有信心地回答说。

“好极了。”教授再一次称赞这些“孺子可教”的学生们。教授从桌底下拿出一大瓶水，把水倒进看起来已经被鹅卵石、小碎石、沙子填满了的罐子。当这些事都做完之后，教授正色问他班上的同学，“我们从上面这些事情得到什么启发？”

班上一阵沉默，然后一位自以为聪明的学生回答说：“无论我们的工作多忙，行程排得多满，如果要逼一下的话，还是可以多做些事的。”

教授听到这样的回答后，点了点头，微笑道：“答案不错，但并不是我要告诉你们的重要信息。”说到这里，这位教授故意顿住，用眼睛向全班同学扫了一遍说：“我想告诉各位最重要的信息是，如果你不先将大的鹅卵石放进罐子里去，你也许以后永远没机会把它们再放进去了。”

思考：以上案例给你了哪些启示？

点评：此案例反映的是管理时间的方法问题，事件顺序处理错了，很可能就把最重要的事情给忽略了。

时间是过去、现在及未来的连续不断的连续线。它不能储存、不会停止、不可能增加、无法转让并且租不到、买不到，也借不到。如何在有效的时间里完成多项繁杂工作是一门艺术，也是一门科学，更是一种生活态度。

在时间管理中，最怕的就是忙、盲、茫。根据时间管理理论，面对众多工作时，先要放松心态（通常可以做深呼吸），然后迅速地将要处理的所有的事进行分类，分清事情轻重缓急，排列它们的优先顺序，最后根据此顺序进行处理。

课中实训

实训一：运用设定目标和行动计划的方法完善职业生涯规划

一、制订短期计划（1～2 年）

短期计划是指从现在开始，你 1～2 年内要完成的目标以及相对应的能力、兴趣培养，具体要求如表 5-1 所示。

表 5-1　短期计划

要求	具体内容	实施措施
短期职业目标		
年龄阶段		
主要任务(列举)		
符合的兴趣支撑(霍兰德)		
符合的能力支撑		
符合的价值观支撑		
尚需培养的兴趣、能力等		
尚需获取的资质证书		
尚需具备的其他条件(列举)		
短期行动计划(包括培训、进修计划)		

将表 5-1 填完之后,需要将行动计划再细化为年计划、月计划、周计划。

(1)年计划:以月为单位,写清一年内(12 个月)的具体行动是什么,需要达到的目标。

(2)月计划:以周为单位,写清一个月(4 周)的具体行动安排,需要达到的目标。

(3)周计划:以天为单位,写清一周(7 天)的具体行动安排,每个时间段做些什么,需要达到的目标。

二、制订中期计划(3～5 年)

具体要求如表 5-2 所示。

表 5-2　中期计划

要求	具体内容	实施措施
中期职业目标		
年龄阶段		
主要任务(列举)		
符合的兴趣支撑(霍兰德)		

续表

要求	具体内容	实施措施
符合的能力支撑		
符合的价值观支撑		
尚需培养的兴趣、能力等		
尚需获取的资质证书		
尚需具备的其他条件(列举)		
中期行动计划(包括培训、进修计划)		

三、制订长期计划(6～10 年)

具体要求如表 5-3 所示,之后再根据行动计划画出职业生涯路线图,写明职业生涯路线图上每个阶段的分期解释。

表 5-3　长期计划

要求	具体内容	实施措施
长期职业目标		
年龄阶段		
主要任务(列举)		
符合的兴趣支撑(霍兰德)		
符合的能力支撑		
符合的价值观支撑		
尚需培养的兴趣、能力等		
尚需获取的资质证书		
尚需具备的其他条件(列举)		
长期行动计划(包括培训、进修计划)		

实训二：运用时间管理四象限的方法认真考虑职业生涯规划中大学期间各类事情的轻重缓急，填写下图（见图 5-8）。

班级：_____ 姓名：_____

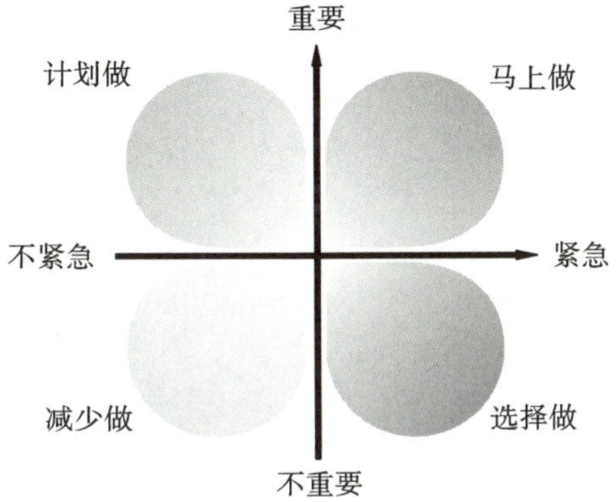

图 5-8　大学期间的职业生涯规划

复盘反思

1. 知识盘点：通过对"职业生涯规划实施与行动"项目的学习，你掌握了哪些与职业生涯规划实施与行动相关的知识？请画出思维导图。

2. 应用知识：本项目的学习对于你的生涯规划是否有意义？是否会影响到你的生涯计划和生涯发展？

3. 方法反思：本项目学习的“目标管理”和“时间管理”是否对你有用？在完成本项目学习和实训的过程中，你学会了哪些分析问题和解决问题的方法？

4. 行动影响：在完成本项目学习和实训的过程中，你认为自己还有哪些地方需要改进？

5. 素质技能自评表。

使用说明：按评价指标评价项目素质技能成绩，优秀为 5 分，良好为 4 分，一般为 3 分，合格为 2 分，不合格为 1 分(见表 5-4)。其中，评价分为学生自评。

表 5-4　素质技能自评表

素质技能点评价指标	得分
信息素养能力	
分析能力	
独立思考能力	
反思能力	

注：①信息素养能力，指能够判断什么时候需要信息，并且懂得如何去获取信息，如何去评价和有效利用所需的信息；②分析能力，指在思维中把客观对象的整体分解为若干部分进行研究、认识的技能；③独立思考能力，指能用自己的眼光观察事物，用自己的头脑想问题，判断是非曲直，辨别美丑善恶，提出符合实际的见解；④反思能力，指能对自己的决策、行为、方法以及由此产生的结果进行审视、分析、调整的能力。

项目六　职业生涯规划评估与反馈

学习目标

1. 了解职业生涯规划评估和反馈的意义。
2. 理解职业生涯规划评估和反馈的基本内容。
3. 掌握职业生涯评估的方法、职业生涯反馈的方法，学会定期评估和反馈。

思维导图

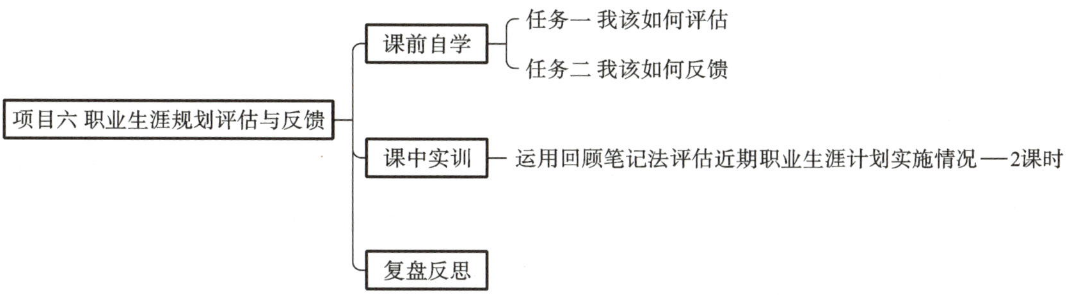

课前自学

任务一　我该如何评估——职业生涯评估的内容和方法

在人生的发展阶段，由于社会环境的巨大变化和存在一些不确定的因素，会使我们与原来制定的职业生涯目标与规划有所偏差，这时需要对职业生涯目标与规划进行评估和做出适当的调整，以更好地符合自身发展和社会发展的需要。

一、职业生涯规划评估的必要性

职业生涯评估是指在实现职业生涯目标的过程中有意识地搜集相关信息和评价，不断地总结经验和教训，自觉地修正对自我的认识，适时地调整职业生涯目标。

成功的职业生涯需要“预警”，用来检查职业生涯规划是否如所想的那样进行。很多人错误地认为，只要制定科学、详尽的职业生涯规划就能一劳永逸。其实不然，在现实生活中，不少人或不懂职业生涯评估，或评估不当，还有人因不能正确对待职业生涯评估而导致种种困惑，这些都不同程度地影响了个人的发展。未毕业的学生，拥有职业生涯评估等于紧握了打开职场大门的钥匙；刚毕业的学生，拥有职业生涯评估等于掌握了进入职场的宝典。职业生涯的反馈与修正就是在生涯规划实施的过程中根据实际状况，并通过职场信息反馈，相继调整；修正生涯目标，反省策略方案的可行度、契合度和成功概率，使之适应职场现状的要求，并为下一阶段生涯规划的实施提供参考的过程。

影响职业生涯设计的因素有很多，有的可预测，有的难以预测。职业生涯规划需要做好与外部环境相适应的调整和修订，尤其在多变的外在环境与个体内在状态波动的过程中，个体需要不断审视自己的职业选择、职业目标、职业路线等是否适合自身的发展，有时正确的选择会因外部环境的变化而显得不合时宜，因此，要使生涯规划行之有效，就须不断对规划进行评估与修订。

另一方面，个体对自我的认知也是不断变化、日趋成熟的，随着年龄增长，其兴趣、能力、经验等自变量都在不断地变化，对职业的倾向性和判断也会随之改变。有些人在第一次选择的职业成功概率不是很高，可能会在从事一段时间后进行转行或者略做调整，使之更加符合自己的发展条件。其主要原因是受个体当时的年龄、经历、人格成熟程度等因素的制约，对职业的判断缺乏全面客观的分析和预测，致使选择的结果存在偏差或者缺陷。所以，对于职业生涯路线的选择、人生目标的修正都是伴随着个体的不断成长而随之评估、修正，并进行反馈的。这种评估和反馈贯穿职业生涯实施的整个过程，使之更加符合个人的长期发展，更加有利于一个人聚集智慧、发挥优势，取得人生和职场的成功。

二、职业生涯规划评估的内容

1. 目标评估：是否需要重新选择职业。

假如一直无法找到我们所希望的学习机会和工作，那么将根据现实情况重新选择职业生涯目标；如果一直无法适应或胜任我们设计的职业生涯目标，在学习工作中得不到应有的发展导致长期压抑、不愉快，应考虑修正和调整职业生涯规划；如果结婚以后，职业给家庭造成极多的不便，或者家人反对自己所从事的职业，我们将考虑修正和调整职业生涯规划。

2. 路径评估：是否需要调整发展方向。

当出现更适合自身发展和职业生涯发展的机会或选择，而原定发展方向缺少发展前景的时候，我们应尝试调整发展方向。

3. 策略评估：是否需要改变行动策略。

如果在其他地方可以找到一份令自己和家人都十分满意的工作，就前往该地；如果家人无法在自己工作的地方定居、工作，在征询父母的意见后，可考虑改变已定计划，前往他地；如果在已定区域和职业选择上实在得不到发展，可考虑改变行动策略。

4. 其他因素评估。

如果家庭需要更多的照顾，自己只能把更多的精力放在家庭甚至暂时放下工作；如果身体条件不允许，则要放低对自己的职业要求；如果还有其他意外发生，就不得不调整职业生涯规划。

三、职业生涯规划的评估方法

(一)适用于在校大学生的评估方法

1. 反思法。

对职业生涯规划实践的回顾，职业生涯规划中计划的学习时间达到了没有？学习上有什么收获？还有哪些问题？方法上有何体会？

2. 调查法。

大学生生涯规划在每一个近期目标实现后，对下一步的主（客）环境、条件做些调查、分析，看看条件是否变化？哪些变好？哪些变坏？总体如何？要做到心中有数，然后，根据变化的情况，恰当地修改下一步拟定的计划。

3. 对比法。

每个人有自己追求的方法，所以在职业生涯规划时应多比、多思、多学，吸取别人科学的方法。对别人职业生涯规划进行分析，往往有助于自己对职业生涯规划进行修改。

4. 求教法。

自己应把职业生涯规划、追求告诉知己好友，让他们多注意自己。往往自我反思是十分困难的，但别人能从旁观者角度清楚地看到自己的弱点，虚心、主动、积极征求别人对自己计划的看法及修改意见，往往会受益匪浅。

5. 运用4大黄金问题进行回顾与评估。

一般情况下，我们每年都会为接下来的一年设立目标，并回顾过去的这一年。下面这4个问题有助于我们完成这项工作。

①我是否正在学习和成长？

②我是否正在对某些人、现在的公司，乃至整个社会拥有影响力？

③我体验到乐趣了吗？

④我是否得到了适当的奖励，并创造了经济价值？

我们可以赋予这4个问题同等的重要性，也可以根据下一年的个人愿望稍作权衡和调整。在职业生涯的某些阶段，学习或许占更大的比重，奖励占得少一些。在某些时候，金钱可能对你非常重要，于是奖励的权重就比较大。而在别的某个阶段，可能更需要影响力和乐趣，而其他因素就没那么重要了。你需要给每个因素分配一个权重比例，让它们加起来达到100%。

在年末，我们可以花一天的时间通过问自己这4个问题来回顾和评估一下自己在过去一年中的贡献、进展和成果。

（二）评估应注意的问题

评估可以参照各类短期、中期预定目标和实际结果进行比对。一般来说，任何形式的评估都可以归结为自我素质和行为对现实环境的适应性判断、分析自己现状，特别是针对变化的环境，找出偏差所在，并做出修正。

1. 抓住最重要的内容。

在职业生涯的某一阶段，总有一个最重要的目标，其他目标都是指向这个核心的。我们完全可以通过优先排序，重点评估那些可能达到这个核心目标的主要策略执行的效果。

2. 分离出最新的需求。

针对变化的内外环境，善于发掘最新的趋势和影响。对于新的变化和需求，什么样的策略才是最有效且最有新意的。

3. 找到突破方向。

有时候，在某一点上取得突破性的进展将对整个局面产生意想不到的改变。想一想，先前职业生涯规划中的策略方案。

4. 关注弱点。

管理学中有个著名的木桶理论，即一只沿口不齐的木桶其容量的大小不取决于最长的那块木板，而取决于最短的那块木板。在反馈评估过程中，要肯定自己取得的成绩与长处，但更重要的是契合变化的环境，发现自己的素质与策略的短木板，然后想办法修正，或者把这块短木板换掉，接补增长。唯有如此，职业生涯这个桶才能有更大的容量。一般来说，短木板可能存在于下列方面：观念差距、知识差距、能力差距、心理素质差距。

任务二　我该如何反馈——职业生涯反馈的类型和方法

一、职业生涯反馈的定义与意义

（一）反馈的定义

在职业生涯规划的过程中，最后一个步骤是信息反馈。所谓反馈就是沟通双方期望得到一种信息的回流。现实社会中的不确定因素会使大学生的目标与原来制定的职业生涯目标有所偏差，这就要求我们不断地反省并对规划的目标和行动方案做出修正或调整，从而保证最终实现人生理想。从这个意义上说，反馈调整就是一个再认识、再发现的过程。这就要求我们时时注意内外环境的变化，不断地审视自我，不断地调整自我，不断地修正策略和目标，这个过程就是反馈评估。它可以确保个人职业生涯规划的有效性。

(二)反馈的意义

第一,通过职业生涯规划的反馈与修正过程,可以自觉地总结经验和教训,评估职业生涯规划,修正对自我的认知。

第二,通过反馈与修正,可以纠正最终职业目标与分阶段职业目标的偏差,保证职业生涯规划的行之有效。

第三,通过评估与修正还可以极大地增强自信心,对自己的发展机会有一个清晰的了解,找出关键的有待改进之处,为这些方面制订详细的行为改变计划,从而促进生涯目标的实现。

二、职业生涯规划的反馈类型

职业生涯规划的反馈过程是个人对自己的不断认识过程,也是对社会的不断认识过程,是使职业生涯规划更加有效的有力手段。很多时候,我们之所以取得成功,是因为成功在起点,而非终点。很多时候,我们之所以会失败,是因为失败在起点,而非终点。如果我们前进的方向错了,此后我们越努力奔跑,离目标也就越远。在现实生活中,很多人的职业目标最终没有得到实现,究其原因,有些是目标设定不准确,有些是目标需求分析不准确,有些是目标分解不合理,有些是目标实施过程出现偏差,还有些是没有及时检讨并修订目标。

(一)反馈的类型

1. 正式反馈

正式反馈通过程序化的、有组织的过程进行。大学的正式反馈通常采用大学生的综合素质反馈登记表。从教育学的角度来界定,该表的内容可划分为思想道德素质、智育素质、体育素质、文化素质和心理素质等五个部分。一般认为不同大学、不同专业对学生素质结构的要求不同,但在进行必要的单位换算和加权处理后,这五个部分的分值可形成一个综合素质评价值。该方法分为自评、互评、班评及综评等四个评价阶段,满足大学对学生综合素质评价科学性的需求,可以使大学生知道自己的哪些能力需要发展、提高,从而改进其学习、工作表现和行为。

2. 非正式反馈

非正式反馈即由大学生在日常学习工作交流中互相提供反馈信息。这种方式可以由老师或同学(朋友)对我们所存在的缺点或错误提出意见,还可以通过写感谢信当众表扬或老师当面赞许等方式来传递正面的反馈信息。例如,学习上相互帮助,上课前或寝室卧床会的交流等以便取长补短,在实训课结束后马上进行总结。通过日常交流和非正式反馈,学生可建立起重要的人际交流渠道,为职业生涯规划进行正式反馈铺平道路。

3. 绩效考评

绩效考评,源于人力资源管理的术语,是指评定者运用科学的方法、标准和程序,对行为主体的与评定任务有关的绩效信息(业绩、成就和实际作为等)进行观察、收集、组织、贮存、提取、整合,并尽可能做出准确评价的过程。在这里指的是大学生对自己的评定任务或目标是否达成所做的评价,可采用多种形式:有的大学生把考研当做自己近期最主要的目标,考研成功与否就成了绩效考评的反馈之一;有的大学生想要毕业后更好地融入社会,为了给自己积累资本,各种职业证书就成了他们要攻克的任务,如英语四级和六级、国家计算机二级等各类证书。大学生可以根据自己不同的职业生涯目标,去发现达成目标的标准和条件,获取反馈信息。

(二)实施全方位反馈评价

全方位反馈,也称360度反馈,最早由被誉为美国力量象征的典范企业英特尔首先提出并加以实施的。在360度评价法中,评价者不仅是被评价者的上级主管,还包括其他与之密切接触的人员,如同事、下属、客户等,同时也包括自评。可以说这是一种基于上级、同事、下级和客户等收集信息评价绩效并提供反馈的方法。大学生职业生涯规划全方位反馈评价应包含学校领导、老师、学生和被评价者自身等主体。实施大学生职业生涯规划全方位反馈评价要重点做好以下三个环节。

1. 做好同学间评议。

同学间提供评价意见可以借助同学们的智慧与经验,让被评价的大学生更清醒地认识到自身的优势和不足,明确努力的方向。

2. 做深自我评价。

自我评价更便于大学生进行自我反思,使我们由被动接受评价转变为主动反省和总结学习工作的得失,同时可以要求大学生用学习成绩作为核心创新点,使大学生评估成为我们自我认识、自我改进、自我管理、自我完善的有效途径,使评价成为大学生专业发展的"助推器"。

3. 做实评价反馈。

大学生全方位反馈评估最后能否改善我们的职业生涯规划状况,在很大程度上取决于评价结果的反馈。因而通过选择合适的时间、地点和反馈途径，把综合各方面的评估信息经过实际分析反馈给我们自己，并帮助我们评价和调整职业生涯规划的发展和行动计划，从而增强反馈的效能。

三、职业生涯规划的反馈的方法

在职业生涯规划实施的过程中，通过反馈与修正评判一个人的职业生涯规划是否有效，一般有四种方法：一是 PDCA 循环法，二是成效评估与整理反馈，三是反馈分析法，四是定期回顾目标。

（一）PDCA 循环法

PDCA 循环又叫戴明环。PDCA 即是计划（plan）、实施（do）、检查（check）、行动（action）的首字母组合。P 是指根据生涯目标的要求，制订科学的计划；D 是指实施计划；C 是指检查计划实施的结果与目标是否一致；A 是指行动。它最初是全面质量管理遵循的科学程序，但目前已经被引入许多管理活动领域。对职业生涯进行管理同样应该遵循 PDCA 的循环体系，即整个过程可以分为规划、实施、检讨与改善四个步骤。不同的步骤之间紧密相连，形成封闭的循环链条。当一个 PDCA 循环完成时，下一个 PDCA 循环又会开始，从而为职业生涯管理提供长期的、持续的支持与反馈活动。

（二）成效评估与整理反馈

1. 成效评估应从执行效果与面临困难两个方面进行。

（1）执行效果。在职业生涯规划实施一段时间后，要总结实施效果。总结的内容主要是本阶段是否按设计完成了任务，完成的情况怎么样，是否达到了预期目标，达到目标或未达到目标的主客观原因是什么。

（2）面临的困难。在规划的实施过程中，也会发现设计时没有考虑到因素和执行后的困难。在成效评估阶段，要对这些困难作进一步分析，找出哪些困难是可以避免的，哪些困难是客观存在的，这些困难产生的原因是什么等。通过分析，可以对职业生涯设计进行基本的评价，以吸收合理之处，改进不足之处。

2. 整理反馈。

成效的评估不是为评估而评估，其根本目的是通过评估获得反馈信息，以便修正和完善，提高职业生涯设计的实施效果。通过成效评估，我们可以得到以下两个方面的反馈信息。

（1）设计的合理之处。职业生涯设计的实施效果可以反映出之前的设计合理与否。目标达成较好的阶段，可以初步推测设计较为合理，但需要进一步分析究竟在哪些方面设计合理，是目标定位适中、时间安排恰当、激励得法，还是别的原因。

（2）设计的不足之处。必须对职业生涯设计进行反馈，任何设计都有不足之处，如设计的目标是否过于空泛，是否操作性不强、是否具体、是否有激励性、实施分析，还要考察是否留有一定的弹性空间等。

3. 修正完善。

职业生涯规划并非一劳永逸的事，在计划执行过程中，要不断根据实际情况对原有设计进行修订与调整。修订的根据是每次的成效评估与所获得的反馈信息。计划修订的时机应考虑以下几个方面。

（1）定期检测预定目标的实现进程。

（2）阶段目标达成之时，要依据实际达成的情况来修订未来的阶段目标可采用的策略。

（3）客观环境改变足以影响到计划的执行时，要根据环境变化修订计划。修订的主要内容包括：生涯目标的修订、重新选择职业、重新考虑后调整生涯途径、执行计划与措施的变更或者修正。

（三）反馈分析法

德鲁克曾经在《哈佛商业评论》中发布了一篇文章，论述了如何做自我管理。其中，他提到了“反馈分析法（feedback analysis）”：每当做出重要决定或采取重要行动时，你都可以事先记录下自己对结果的预期。9 到 12 个月后，再将实际结果与自己的预期比较。

德鲁克自述采用这种方法已有 20 余年，每次都有意外的收获，提前 9～12 个月列下对自己近期工作、生活、成长方面的期待（其实这也是在寻找问题的过程）。通过这种简单的方法，在相当短的时间内（也许在两三年内），人们就可以发现自己的优势所在。要了解自己，这可能是最重要的事情了。利用这种方法，不但能够显示出，由于你所做或者未做的哪些事情妨碍了你自身优势的发挥，还可以了解到哪些工作是你不具有优势的领域，甚至是你不能胜任的。

（四）定期回顾目标

定期回顾目标的进展情况，并适时修正，可以避免半途而废的情况。如此一来，我们经历过的所有事情，无论成功还是失败，都会成为对未来而言的宝贵经验。完全按照计划实现目标的情况是极少数的。事实上，越努力的人，遇到事与愿违或进展不顺利的可能性也越大。

若不及时回顾，一旦进展不顺，就会武断地判断已经失败了，并就此放弃。而那些及时回顾的人，则会适时纠正自己的方向，从而改变策略再次挑战，也就能进入下一个阶段。

进展顺利的情况也是如此。若不及时回顾，可能只是满足于这一阶段的成功，却不会积极分析成功的原因，那么这种原因自然就很难被复制到未来的行为中，成功也就难以延续。

而善于回顾过去的人，则会认真分析取得成功的原因和条件，并有意识地将它们带入到下一步的行动中。由此可见，回顾可以让我们化经验为资源，并为下一步行动提供参考。

请注意：有一个类似于“回顾”的词语叫“反省”。二者行为内容相似，目的却截然不同。虽然二者都是“回看过去的行为”，但反省只着眼于“失败或不顺的事情”，是以避免出现相同错误或相同失败为目的的改善行为。而回顾则不同，它需要同时关注“失败或不顺的事情”以及“成功或顺利的事情”。换言之，它需要同时分析“好的原因”与“坏的原因”。因此可见，回顾的目的是将“成功”和“失败”都作为一种宝贵的经验，并为未来的行为提供参考。

如果能做到“我擅长反思，但不擅长回顾”，其实已经成功了一半。接下来只要有意识地回想“成功或顺利的事情”即可。能养成归纳成功原因的好习惯，有助于提升成功的复制率，让自己的人生变得更顺利。

做好“回顾”的 3 个要点。

要点 1：回顾频率——建议以“星期”为单位进行回顾。

原因有三：其一，这个做法更容易坚持。如果以“日”为单位，可能就会因为忙碌而无法确保时间。但若以“月”为单位，可能又会因为间隔太久而忘记此前发生的某些事。因此，我比较建议以“周”为单位，即使很忙，大部分人也都可以努力挤出一点时间，而且很快就到下一周了，也就不那么容易遗忘。其二，我们会因此得到每年 52 次重置的机会。即使生活或工作中出现了一些阻碍，在以“周”为单位的回顾之后，我们就能在周末及时重置目标，并从下一周开始迎接新的挑战。如此一来，我们不仅能在一年的时间内发起 52 次挑战，还能获得 52 次重置的机会，也就更有利于我们调整行为方向。其三，这个做法可以减轻心理压力。每天进行一次回顾，对于那些总被日常工作压得喘不过气来的人而言可能会成为一种义务，而非乐趣。一旦有了“为了每日的回顾，我得每天都有所动作才行”的想法，那这件事就毫无乐趣可言，自然也就难以持续下去。不仅如此，若时常因为忙碌而疏于回顾，我们可能还会因此陷入自我怀疑的困境。长此以往，不仅会阻碍回顾，还可能让人失去自我挑战的勇气。而以“月”为单位的回顾，则很容易令人掉入完美主义的陷阱。计划内容跨越的时间越长，我们就越容易高估自己，认为“这点事情而已，很容易就能做到”。于是我们总会制订过高的计划，最后又因为“没有太大进展”或“没有想象的那么顺利”等种种原因而无法达成，反而会因此而感到挫败。以“周”为单位的回顾，可以让我们更易确保挑战自己的时间，也更容易看清自己的能力，从而制订出更加务实的计划。

为了提升回顾的效果，我们可以设定一个固定的回顾时间，如“每周五晚上 9 点”“每周一早上 6 点”等。每次回顾 5～30 分钟即可，我们可以先从每次 15 分钟开始。

要点 2：回顾顺序、方法——建议按照“顺利（成功）→不顺（失败）”的顺序来进行回顾。

将回顾的结果转化为行动计划，反映进后续的日程表中。简单来说，就是找出“顺利”的原因和条件，仅这一点就能有效提高成功的可复制性。而对于“不顺”的事，则要积极寻找问题所在和解决办法，并及时修正我们的目标。

要点 3：关注如何善加利用回顾成果。

若积极回顾的成果无法对后续行为产生积极影响，那就是十分遗憾了。所以我们应有意识地注意 3 个问题，将有助于我们善加利用回顾成果。

（1）怎么做才能离自己的梦想和目标更近一步？

（2）如果还有改善的空间，那我应该做些什么？

（3）这个经验对今后会产生哪些帮助？

只要注意到这些方面，回顾的成果就能对未来的行为产生积极影响。

课中实训

实训：运用回顾笔记法评估近期职业生涯计划实施情况

首先准备一本笔记本用于归纳回顾内容，笔记本的规格、尺寸不做特殊要求。接着如图 6-1 中所示，画成纵横交错的 4 个方格。

1. 计划内容：	2. 成功或失败的内容：
3. 难点、问题：	4. 计划修正方式：

图 6-1　回顾笔记法

左上方格内填写“计划内容”，右上填写“成功或失败的内容”，左下填写“难点、问题”，右下填写“计划修正方式”。

画好以后，按照下述 4 个步骤开始回顾。

步骤 1：在笔记本中填写为实现目标而设定的“计划内容”。

想要达成目标，就应设定出明确的“行动内容”。在现状与目标之间，设定 3 个阶段目标，通过分解目标来确定每个阶段的具体行动。

首先，将这个具体行动的内容填入四个方格中的左上角内。

步骤 2：写下“成功或失败的内容”。

回顾自己采取的行动，接着在四方格的右上角写下“成功或失败的内容”。

按照上文的步骤，从“成功”的事情开始回顾。如果我们没有注意到这一点，过去的美好回忆可能就会被不好的记忆所淹没。所以在回顾时，应有意识地从“美好的回忆”开始。

成功的事情无论大小，即使买了书却一页没看，但只要买了，就可以算是一个成功。再退一步说，即使连书都没买，但只要认真思考了要买哪本书，也能算是一个成功。所以就可以在这个格子里写上“决定了要买哪本书”。

步骤 3:写下“难点、问题”。

写下“成功或失败的内容后”,就该在左下角填写目前的难点和问题了。

在这一部分,应基于前面提到的失败内容来思考“要怎么做才能改善?”并将分析的结果作为“问题”填入。

我们总习惯于采用简单的方式来决定“只要怎么做就能达成目标”。事实上,对于中长期目标的稳步实现而言,我们的身心健康、工作方式、时间管理方式、与家人及同事之间的关系,都会起到一定的影响作用。所以,除了“目标”外,还可以在这里写下自己的“困难”或“烦恼”,以便对自己的现状做出更客观的认识。意识到现状和问题后,就能有针对性地采取行动了。

步骤 4:写下“计划修正方式”。

确定了“难点、问题”后,就可以修正自己的行动计划、确定下周的行动内容,并填入右下角的方格内。

首先要对步骤的中的“成功”的原因进行分析,将有益因素带入下一步的行动计划中。接下来,根据步骤 3 中填写的难点或问题,修正自己的行动计划。

新的行动计划可以直接写在下一页的左上角上,因为它会成为下周的回顾内容。这听起来似乎有点麻烦,不过提前一周在左上角写上内容后,我们就会有想要继续写下去的欲望,这也有利于持续地回顾。如果能做到每周持续这四步循环,稳步实现人生目标就不再是梦想了。

复盘反思

1. 知识盘点:通过对“职业生涯规划评估与反馈”项目的学习,你掌握了哪些与职业生涯规划评估与反馈相关的知识?请画出思维导图。

2. 应用知识：本项目的学习对于你的生涯规划是否有意义？是否会影响到你的生涯计划和生涯发展？

3. 方法反思：本项目学习的“评估的方法”和“反馈的方法”是否对你有用？在完成本项目学习和实训的过程中，你学会了哪些分析问题和解决问题的方法？

4. 行动影响：在完成本项目学习和实训的过程中，你认为自己还有哪些地方需要改进？

5. 素质技能自评表。

使用说明：按评价指标评价项目素质技能成绩，优秀为 5 分，良好为 4 分，一般为 3 分，合格为 2 分，不合格为 1 分（见表 6-1）。其中，评价分为学生自评。

表 6-1　素质技能自评表

素质技能点评价指标	得分
信息素养能力	
分析能力	
独立思考能力	
反思能力	

注：①信息素养能力，指能够判断什么时候需要信息，并且懂得如何去获取信息，如何去评价和有效利用所需的信息；②分析能力，指在思维中把客观对象的整体分解为若干部分进行研究、认识的技能；③独立思考能力，指能用自己的眼光观察事物，用自己的头脑想问题，判断是非曲直，辨别美丑善恶，提出符合实际的见解；④反思能力，指能对自己的决策、行为、方法以及由此产生的结果进行审视、分析、调整的能力。

附录　良好决策制定指南

知道自己需要作一个选择①

事件——发生在我身上的事：

“我需要在下学期之前选择一个专业。”

来自朋友和亲人的意见：

“我的室友说如果我不尽快作决定的话必将陷入麻烦之中。”

我的感受：

“我很害怕为自己作出承诺。”

回避我的问题：

“我下周再开始。”

身体问题：

“我觉得很心烦，我吃不下东西。”

了解我自己和我的选择

了解我自己，例如：

我的价值观、我的兴趣、我的能力。

了解职业、学习项目或工作：

了解具体的职业、学习项目或工作。

了解具体的职业、学习项目或工作是怎么组织的。

了解我是如何作出重要决策的；了解我如何对待我自己的决策：

自我对话。

自我觉察。

对于自我对话的觉察和控制。

---

① CASVE 循环（见图 4-1）显示了生涯决策的制定步骤。

扩大或缩小自己的职业、学习项目或者工作选择列表

找出适合自己的价值观、兴趣和技能的职业、学习项目或者工作。

通过从“了解我自己和我的选择”一栏中学到的方法选出 3～5 种职业、学习项目或工作。

选择一个职业、学习项目或工作

每个职业、学习项目或工作对于以下方面的付出和收益：

我自己

我的家庭

我的文化群体

我的社区或社会

对职业、学习项目或工作进行等级排序。

作出选择

作出后备选择，以防首要选择出问题。

执行我的选择。

计划——作出获得教育或培训的计划。

尝试——获得工作经验（全职、兼职或志愿工作）并通过修学课程或培训来检验自己的选择。

申请——提出申请并获得工作。

知道我作出了恰当的选择。

事情是否发生了变化？

我的朋友和亲人对于我的选择作何反应？

我现在感受如何？

我是否在逃避我应该做的事？

参考文献

[1] (美)埃德加·施恩.职业锚:发现你的真正价值[M].北森测评网,译.北京:中国财政经济出版社,2004.

[2] (奥)彼得·德鲁克.管理实践[M].毛忠明,译.上海:上海译文出版社,1999.

[3] (美)布赖恩·费瑟斯通豪.远见——如何规划职业生涯3大阶段[M].苏健,译.北京:北京联合出版公司,2018.

[4] (英)布莱恩·梅恩.目标的力量:从目标看格局,让境界定结局[M].杨献军,译.成都:四川文艺出版社,2021.

[5] (美)R·R·布莱克,A·A·麦坎斯.领导难题·方格解法[M].孔令济,译.北京:中国社会科学出版社,1999.

[6] (美)戴维·艾伦.搞定Ⅲ平衡工作与生活的艺术[M].梁卿,译.北京:中信出版社,2012。

[7] (美)戴维·艾伦.尽管去做——无压力工作的艺术[M].张静,译.北京:中信出版社,2003.

[8] (美)大卫·凯尔西.请理解我:凯尔西人格类型分析[M].王甜甜,译.北京:中国城市出版社,2011.

[9] 国家统计局.2017国民经济行业分类注释[M].北京:中国统计出版社,2018.

[10] 国家职业分类大典修订工作委员会.中华人民共和国职业分类大典(2022年版)[M].北京:中国人力资源和社会保障出版集团,2022.

[11] 顾雪英.当代大学生职业生涯规划[M].北京:高等教育出版社,2011.

[12] 韩力军.时间管理研究[J].中小企业管理与科技(下旬刊),2016(11):23-25.

[13] 黄希庭,张志杰.论个人的时间管理倾向[J].心理科学,2001(5):17-19.

[14] 黄天中.生涯体验——生涯发展与规划[M].3版.北京:高等教育出版社,2015.

[15] 金树人.生涯咨询与辅导[M].北京:高等教育出版社,2007.

[16] (美)罗伯特·里尔登,珍妮特·伦兹,加里·彼得森,等. 职业生涯发展与规划[M]. 4版. 侯志瑾,译. 北京:中国人民大学出版社,2016.

[17] 林泽丰,许秋贵,陈斌,等. 大数据实践之路[M]. 北京:电子工业出版社,2021.

[18] 刘艳杰. 社会认知职业理论对职业发展课程的启示[J]. 高教发展与评估,2015,(1):91-97.

[19] (英)维克托·迈尔·舍恩伯格,肯尼思·库克耶. 大数据时代:生活、工作与思维的大变革[M]. 周涛,译. 杭州:浙江人民出版社,2013.

[20] (美)史蒂文·凯斯. 抢在时间前面的7条捷径[M]. 张维迎,译. 北京:中国青年出版社,2007.

[21] (美)史蒂芬·柯维. 高效能人士的七个习惯[M]. 高新勇,王亦兵,葛雪蕾,译. 北京:中国青年出版社,2018.

[22] 孙中森. 职业生涯规划与创新创业[M]. 北京:清华大学出版社,2021.

[23] 陶琪. 大学生压力源于自我效能感关系研究[D]. 合肥:合肥工业大学,2017. 1-5.

[24] 吴芝怡. 我的生涯手册[M]. 北京:经济日报出版社,2008.

[25] 许湘岳,吴强. 自我管理教程[M]. 北京:人民出版社,2011.

[26] 杨锐,殷晓彦. 管理学原理[M]. 北京:人民邮电出版社,2012.

[27] 杨帆,权全,王冲,等. 新时代大学生就业能力的影响因素与开发路径探析[J]. 中国校外教育,2020,(15):47-51.

[28] 张凯,张旭. 大数据安全治理与防范——反欺诈体系建设[M]. 北京:人民邮电出版社,2022.

[29] 张萌. 人生效率手册[M]. 长沙:湖南文艺出版社,2017.